여해 강원용
그는 누구인가?

대화문화아카데미

당신은 정치가요?

아니요.

당신은 사회운동가요?

아니요.

당신은 성직자요?

아니요.

그러면 당신은 누구요?

나는 빈 들에서 외치는 소리요.

끊임없이 도전했던 '영원한 청년'

여해 강원용 목사님은 1948년 10월에 한신대학교의 전신인 조선신학교를 졸업하셨습니다. 한신대학교로는 8회 졸업생이니, 이 강좌를 들은 신학대학원 학생들의 대선배님이기도 합니다. 그러나 강 목사님은 한신대학교나 한국기독교장로회, 경동교회 안에만 머물렀던 분이 아니며, 또 그 틀 안에서만 평가할 수도 없습니다. 강 목사님은 그분의 호인 여해(如海)처럼 마치 바다 같은 분이었습니다. 그것은 호탕한 성품에서만이 아니라, 그분의 신학과 폭넓은 사회적 관심, 그리고 열정적인 활동에서도 드러납니다.

강 목사님 소천 7주기를 맞아 한신대학교 신학대학원에서 '여해 강원용 목사의 삶과 사상'이라는 일련의 특강을 할 수 있도록 후원한 경동교회에 깊이 감사드립니다. 이제 학생들에게 강 목사님은 역사 속에 계신 분이지만, 목사님이 남긴 수많은 이야기와 일은 여전히 우리의 현실을 조명할 뿐만 아니라 미래를 지향하고 있습니다. 강연을 맡아주신 분들은 모두 개인적으로 강 목사님을 가까이에서 뵙고, 또 함께 일한 분들입니다. 강연에서는 강원용 목사님이 하신 일에 대한 기억과 증언이 강연자들의 탁월한 해석 작업에 의해 각 영역별로 소개됩니다.

살펴보면, 실로 강 목사님은 영원한 청년이라는 생각을 떨칠 수가 없습니다. 생각이 신선하고, 의기와 포부가 싱그럽고, 끊임없이 도전하는 분이었음을 알 수 있습니다. 이런 삶은 '사이·너머(Between and Beyond)'라는 말로 압축할 수 있을 것입니다. 강 목사님의 저서로 1975년 독일에서 출간된 『호랑이와 뱀 사이에서(Zwischen Tiger und Schlange)』의 제목도 같은 맥락일 것입니다. 진보와 보수, 에큐메니컬과 에반젤리컬, 교회와 사회, 기독교와 이웃 종교, 한국과 세계 사이에서 대화의 다리를 놓는 일, 대립을 넘어서 새로운 제3의 길을 찾는 것이 강 목사님 평생의 일이었습니다. 이런 태도가 때로는 정체성 상실, 기회주의, 대안 없는 양비론이라 오해받기도 했지만, 모든 일은 결과가 말해주는 것이지요. 한 사람이 떠난 빈자리가 클수록 그 사람의 그릇의 크기도 가늠할 수 있습니다.

저는 강연을 들은 학생들만이 아니라 이 책의 독자들이, 강 목사님이 어떤 분이었는지를 알 수 있을 뿐만 아니라 그분의 신앙과 그분이 지향했던 꿈을 함께 나눌 수 있으리라 믿습니다.

다시 한번 강연회를 후원한 경동교회와 이 책을 출판한 대화문화아카데미에 감사의 마음을 전합니다.

채수일(한신대학교 총장)

'사이·너머'는 우리가 받아들여야 할 귀중한 관점

한신대학교 신학대학원에 강원용 목사님을 주인공으로 하는 '여해 강좌'가 개설됨을 진심으로 축하하고 감사드립니다. 여해를 설립자로 하는 경동교회에서는 교회 상설 기관으로 '여해기념사업위원회'를 발족하여 그분의 공헌을 후세에 알리는 사업을 하고 있습니다. 그에 따라 여러 가지 프로그램을 진행하고 있는데, 그중에 하나로 여해의 모교인 한신대학교 신학대학원에 기념 강좌를 개설하도록 요청하고 지원하게 된 것입니다. 이것은 세계적으로 유명한 대학들이 개최하는 기념 강좌 형식으로, 여해의 경우 '여해 기념 강좌(Yeohae Memorial Lecture)'로 정착했으면 하는 바람이 있습니다. 고맙게도 한신대학교 신학대학원이 이를 흔쾌히 수락해주셨습니다. 채수일 총장님과 신학대학원 원장님을 비롯해 교수단 및 직원 여러분께 진심으로 감사를 드립니다. 특별히 이 강좌에 적극 동참하여 아름다운 이야기를 나눈 학생들, 그리고 열강을 통해 여해의 신학과 삶을 밝혀주신 강연자 선생님들께 감사의 말씀을 올립니다.

이런 점을 염두에 두고 볼 때 이번 목요강좌의 강연 내용을 『여해 강원용, 그는 누구인가?』라는 제목으로 출간하게 됨을 기쁘게 생각합니다. 출간에 심혈을 기울여주신 대화문화아카데미에도 감사하는 마음입니다.

여해기념사업위원회의 희망은 무엇보다 여해 강원용 목사님에 관한 개인적인 삶과 다양한 사회 활동, 그리고 신학과 목회 분야에 기여한 공헌을 널리 알리는 것입니다. 역사적으로 귀한 인물을 여러 각도에서 후학들이 다양하게 연구하고 평가하는 작업이 바로 여해 기념사업의 중요한 과제라고 하겠습니다.

마지막으로, 꼭 강조했으면 하는 것이 있습니다. 여해의 지평은 항상 양면성을 지니고 있었다는 점입니다. 그것은 오늘의 현실 속으로 파고들어 서로 연계하고 협력하는 일에 최선을 다하면서도, 그와 동시에 현실을 뛰어넘는 종말적 가치관을 제시할 수 있어야 한다는 신학적 기저입니다. 여해는 전자를 'Between(사이)'이라 했고, 후자를 'Beyond(너머)'라고 했습니다. 이 BB는 이 땅에 하나님 나라를 구현하는 일에 동참자로 부름 받고 보냄 받은 우리 모두가 받아들여야 할 귀중한 관점이라 생각합니다.

박종화(경동교회 목사)

차례

여해 강원용 목사와
한국사회 속의 교회

김경재
한신대학교 명예교수

1940년 전남 광주 출생. 한신대를 졸업하고 연세대 연합신학대학원과 미국 듀뷰크 대학 신학원에서 신학석사를, 고려대 대학원에서 동양철학을 전공하고 문학석사 학위를 받았다. 미국 클레어몬트 대학원 종교학과 박사과정을 거쳐 네덜란드 유트레흐트 대학에서 박사 학위를 받았다.
한신대에서 문화신학과 종교신학 교수로 재직했고 한국문화신학회, 한국조직신학회, 한국민중신학회 회원으로 활동했다. 함석헌기념사업회 이사, 씨알사상연구원 원장, 크리스찬아카데미 원장 등을 역임했다. 지금은 한신대 명예교수, 삭개오작은교회 원로목사, 장공김재준기념사업회 이사로 활동하고 있다. 교육에 기여한 공로로 2004년 대통령 표창을, 2005년에는 대한민국 옥조근정 훈장을 수상했다.
주요 저서로 『폴 틸리히 신학 연구』『해석학과 종교신학』『이름 없는 하느님』『김재준 평전』『아레오바고에서 들려오는 저 소리』『함석헌의 종교시 탐구』 등이 있다.

오늘은 세 토막으로 나누어 이야기를 해볼까 합니다. 먼저, 한신대 동문으로 여러분의 선배이면서 한국사회의 대표적인 개신교 목회자인 강원용 목사의 생애를 간략하게 리뷰해볼 겁니다. 두 번째로는 그의 사상, 특히 신학 사상의 배경이 어떠했기에 그런 활동을 할 수 있었는가를 살펴보고, 마지막으로는 그의 삶이 한국 교회뿐만 아니라 우리 사회와의 관계에서 갖는 의미를 조망해보고자 합니다.

이번 강연회는 오늘을 포함하여 총 일곱 차례에 걸쳐 이루어질 예정인데, 정치와 경제, 사회, 문화, 환경, 여성, 노동 등 여러 분야의 전문가들이 강원용 목사님의 삶을 조명할 것입니다. 오늘은 전체 강연을 아우르는 첫 오리엔테이션 마당이라 생각하면 좋겠습니다.

가난한 화전민의 아들

강원용 목사님은 1917년생으로, 김재준 목사님과 비슷하게 함경도 백두대간의 산골 마을에서 태어나셨습니다. 함경남도 이원군 원평리라는 곳이지요. 강 목사님은 농사를 생업으로 하는 집안에서 태어나 스무 살 무렵까지는 장남으로서 농사일을 거들며 자랐습니다.

이것은 굉장히 중요한 경험입니다. 왜 그런가 하면 청소년기에 가난을 직접 경험하는 것은 처음부터 부잣집에 태어나 배고픔을 모르고 사는 것과는 근본적으로 다르기 때문입니다. 말년에 강 목사님이 세계적으로 유명한 사회 지도자가 되어 그랜저를 타고 다니는 모습만 본 사람들은 그분이 일생 편하게 사셨을 거라 생각하기 쉽지요. 하지만 내가 아는 한, 강 목사님은 물질적인 면에서 대단히 검소하게 사신 분입니다. 개인적으로 많은 재산을 축적한 적이 없습니다. 부인인 김명주 사모님도 평생 그러셨어요. 이는 스무 살 때까지 농사를 지으며 살아왔던, 가난한 삶의 경험이 강 목사님의 DNA 속에 들어 있기 때문이라 할 수 있습니다.

장공 김재준 목사님과의 역사적 만남

그의 삶이 변화를 맞이한 건 1935~38년, 그러니까 18세에서

21세가 되는 때입니다. 지금으로 말하면 고등학교 2, 3학년에서 대학 1, 2학년에 해당하는 시기죠. 이때 간도 땅에 있는 용정중학교에 입학하면서 변화가 시작됩니다.

여러분도 잘 알고 계실 겁니다. 이 무렵 장공 김재준 목사님은 평양의 숭인학교에서 교목으로 일하다가 신사참배 문제로 교장으로부터 은근히 압력을 받았고, 결국 스스로 사표를 내버렸어요. 그런데 미션스쿨이었던 용정중학교에서 미국 선교사들이 좋은 교사를 초청하면 좋겠다는 이야기를 주고받던 중에 우연히 장공이 추천되었고, 그렇게 용정중학교로 오면서 장공과 강 목사님이 역사적으로 만나게 됩니다. 당시 만주 용정중학교는 중학교와 고등학교를 합친 5년제였지요.

7, 80년대 한국사회의 기독교는 대체로 보수적이었는데, 그런 분위기 속에서도 역사와 민중, 사회의 변혁을 꿈꾸는 이른바 기독교 진보 세력의 중심축 역할을 한 사람들이 놀랍게도 용정중학교에서 장공에게 가르침을 받은 제자들이죠. 이 사실은 여러분이 잘 모르실 겁니다. 강원용 목사님, 안병무 박사, 콜롬비아 대학 총장을 지낸 이상철 목사 등 많은 분이 장공에게 가르침을 받으면서 역사가 변한 거예요. 그 전까지 강원용 목사님은 문자 그대로 정통적인 성경을 믿고 생활하는 보수적 신앙에 갇혀 있던 청년이었어요. 그런데 장공을 만나면서 그것이 깨졌지요.

장공과 강 목사님에 얽힌 에피소드 하나를 소개할까 합니다. 시간이 없어 재미난 에피소드를 다 이야기하지 못하는 게 아쉽습니다. 강 목사님은 중학교 시절부터 카리스마가 대단해서 학교에서도 늘 왕초 노릇을 하며 스트라이크를 많이 일으킨 분으로 유명합니다. 장공이 용정중학교에 온 지 얼마 안 되었을 때에도 강 목사님이 장공을 골려주려고 별렀던 모양이에요. 하지만 장공의 인격에 반해 실패를 하고 맙니다.

어떤 일이 있었는가 하면, 강 목사님이 순댓국을 앞에 놓고는 "피째 먹지 말라"는 구약 말씀을 들면서 장공에게 이렇게 물었다고 해요. "순댓국을 먹어도 좋습니까?" 너나없이 배고프고 굶주리던 시절, 순댓국은 그야말로 맛있고 영양가 만점인 음식이었지요. 그런데 성경 말씀을 따르자면 결코 입에 대서는 안 되는 음식이니, 어떻게 하면 되겠느냐고 물어본 겁니다. 그 물음에 장공은 당황하는 기색도 없이, 또 구약 말씀이나 신학 이론을 길게 설명하지 않고 이렇게 답했다고 해요. "없어서 못 먹지." (웃음) 그 한 마디가 강원용 목사를 새로운 진보적 기독 청년으로 거듭나게 한 거예요. (웃음)

강원용 목사님의 아호인 여해(如海)는 60세가 되던 즈음에 장공이 지어준 것입니다. 그 전에는 호가 없었어요. 크리스챤아카데미(지금의 대화문화아카데미)에 가면, 여해라는 아호를 붙이게 된 설명이 한문으로 된 족자에 담겨 있습니다.

> 바다와 같이 모든 구정물과 좋은 물, 오염된 물을 거부하지 않고 다 받아들이는 포용력 있는 목회자, 지도자가 되어라. 그러면

서도 바닷물이 늘거나 줄어들지 않듯이 항상 그리스도교의 자기 정체성을 잃지 않는 자가 되어라. 마지막으로, 바닷물이 오직 하늘의 태양만을 바라보며 물을 수증기로 올려 다시 정화시켜 바닷물로 내리듯이 영성적인 자기 수련도 소홀히 하지 말라.

이렇듯 다양한 뜻을 담아 여해라는 아호를 내려준 것입니다. 장공은 제자들의 핵심 성격을 정확히 파악한 분이에요.

에피소드 하나를 더 말씀드리지요. 강 목사님은 집안 형편이 아주 어려웠습니다. 산골에서 화전민처럼 살았죠. 그렇게 살림이 어려우니, 강 목사님의 부친은 더 이상 교육을 시킬 생각을 하지 못했습니다. 청년 강원용의 마음속에는 배우고자 하는 열망이 가득 끓어오르는데, 현실적인 여건이 안 됐단 말이에요. 그 사실을 알게 된 장공이 강 목사님의 부친에게 동양 고전을 섞어 한문으로 쓴 긴 편지를 보냈다고 합니다.

강원용 군은 이런 산속에 목동으로 남겨둘 사람이 아닙니다. 앞으로 큰 인물이 될 것이니, 어떤 어려움이 있더라도 꼭 공부를 시키십시오.

한문 공부를 하셨던 강 목사님의 부친은 그 편지를 받고 많이 놀랐다고 합니다. 만주 용정 땅에 동양 고전에 능숙하고 명문을 쓸 줄 아는 선생님이 계시다니 싶었던 것이지요. 마침내 강 목사님의 부친은 장공의 말은 무조건 듣는 게 좋겠다고 판단하고, 재산을 팔아서 강 목사님을 일본으로 유학 보내게 되었답니다. 그렇게 해서 강 목사님은 일본 메이지 학원으로 가서 영문학을 공부했죠. 그곳에서 훗날 국제적으로 활동하는 데 필요한 기초적인 어학 훈련을 받게 됩니다.

강원용을 강원용 되게 해준 세 분의 스승

해방이 되자마자 소련은 치안 유지를 이유로 북쪽을 점령했고, 시간이 갈수록 북조선의 공산 체제가 점점 더 강화되었습니다. 이에 강 목사님은 더 이상 견디지 못하고 1945년 9월 남하하게 됩니다. 여기서 잠깐 당시 경동교회와의 관계를 이야기하지 않을 수 없을 것 같습니다. 경동교회를 누가 세웠느냐 하는 문제를 놓고 교인들 사이에서도 그렇고, 일부 학생들 사이에서도 오해가 조금 있어서요.

과연 경동교회를 세운 분은 누구일까? 신앙적으로 말한다면, 하나님이 세우고 성령님이 세우신 것이지요. (웃음) 다만 그 심부름을 누가 했느냐? 제가 알고 있는 정론은 이렇습니다. 아시는 바와 같이 영락교회의 한경직 목사님과 성남교회의 송창근 목사님, 그리고 김재준 목사님은 20대 중후반에 미국에서 삼총사로 만나게 됩니다. 세 분은 한국에 돌아가면 각각 교회를 세워 우리 민족을 복음으로 살려내자고 '도원의 결의'를 하셨죠. 그리고 다짐했던 대로 한국으로 돌아와서 우리 민족이 해방되던 해(1945년)에 영락교회와 성남교회, 경동교회(처음에는 야고보교회)를 세우신 거예요.

장공 김재준 목사님은 경동교회를 세울 당시, 조선신학교의 교장이었어요. 요즘 말로 하면 전력 목회를 할 수 없는 상황이었지요. 그 무렵(1945년 9월) 28세였던 청년 강원용이 도착했고, 이어 선린형제단을 조직하게 됩니다. 하지만 그때 그는 아직 목사도 아니고 정식 전도사도 아니었어요. 심지어는 신학 교육도 정식으로 받기 전이었지요. 그저 뜨거운 신앙의 열정을 지닌 청년일 뿐이었습니다. 실질적으로 교회 공간 안에 사람들을 모으고 청년들을 북적거리게 만드는 역할을 초창기부터 맡은 사람은 강원용임에 틀림없습니다. 그러나 경동교회 제1대 담임목사는 김재준 목사님이었고, 강원용 목사님은 1949년에야 32세의 나이로 목사안수를 받았습니다. 캐나다 유학에서 돌아와 50년대 초에 당회장직을 물려받은 것이지요.

정리하면, 경동교회의 공식적인 법적 당회장이자 교회 설립의 중심에 계셨던 분은 김재준 목사님이었고, 그 곁에 청년 강원용 학생 지도자이자 전도사가 있었던 것입니다. 강 목사님이 목사안수를 받기 전에 노회로부터 야고보교회라는 이름이 좀 이상하다는 얘기를 듣고는 무슨 이름으로 할까 생각하다가 당시 경기 노회 소속이기도 해서 경동교회로 이름을 바꾸고 당회를 조직한 겁니다. 또 목사안수를 받기 전에 강원용은 장로였습니다. 훗날 강원용 목사님의 고백록에도 그 당시 자신이 젊은 장로여서 어색했다는 고백이 나와요. 그동안 이런 과정들이 있었다는 것을 밝혀두고 싶습니다.

한국전쟁이 일어나자 강 목사님은 부산으로 내려가게 되지만, 그 이전 해방 정국에서 젊은 청년 강원용은 남쪽의 김구, 이승만, 여운형, 김규식 등 내로라하는 정치계 호랑이와 사자들의 정치적 암투 속에서 순수한 마음으로 정계의 여러 사람과 관계를 맺습니다. 아마 정계로 나갔다면 대통령이 됐거나, 못해도 국무총리는 몇 번 하지 않았을까 싶어요. 1945년 12월 서울운동장에서 신탁통치 반대 시민궐기 집회가 있었습니다. 그때 모인 백만여 명 앞에서 '왜 우리는 신탁통치를 반대해야 하는가'로 정치 연설을 한 사람이 바로 청년 강원용입니다. 놀라운 일이지요. 강 목사님은 웅변을 잘했고 사람을 사로잡는 힘도 있었어요.

그 정도로 처음엔 정치에 관심이 깊었는데, 정치가들끼리 암투하는 것을 보고는 실망하게 됩니다. 그래서 '어떻게 나의 일생을 살아야 할까?' 고민하다가 사부이자 평생 은사로 모신 장공 김재준 목사님과 상의를 하죠. 그때 장공은 이렇게 말합니다.

> 정치도 중요하지만, 지금 한국 정계가 너무 혼란스러워 너처럼 순수한 일념으로 정계에 나선 사람은 정략의 희생자가 될 수 있다. 그러니 신학을 공부해서 세계 교회라는, 우주적 보편 종교인

그리스도교를 배경으로 더 큰 꿈을 펼치는 것이 좋겠다.

장공의 권유로 강원용은 1946~48년에 조선신학교에 들어가서 공부를 하고, 1948년 10월에 졸업합니다. 여러분으로 말하면, 아마 한신대학교 8회 졸업생이 될 거예요.

강원용 목사님은 가만히 있지 못하는 분이에요. 부산으로 피난을 간 후에도 펄펄 뛰는 열정과 비전을 갖고, 그의 일생에서 중요한 활동으로 꼽을 수 있는 기독학생운동을 아주 열심히 했습니다. 지금의 한국기독학생회총연맹(KSCF, Korea Student Christian Federation)은 대학교뿐만 아니라 중고등학교 기독 학생들이 똘똘 뭉쳐서 기독 청년으로서 활동하는 세계적인 조직 기구인데, 강 목사님은 그것을 직접 만들어내는 조직력을 발휘했고 그 기구의 이사장을 맡기도 했지요.

하지만 휴전협정이 이루어질 무렵, 더 큰 꿈을 안고 유학을 떠납니다. 1953~57년에 캐나다의 매니토바 대학에서 학사를 마치고 유니언 신학대학에서 석사학위를 받지요. 그에게 일생 동안 영향을 끼친 라인홀드 니버(Reinhold Niebuhr)와 폴 틸리히(Paul Tillich)가 그곳에서 학생들을 가르치고 있었어요. 뒤에서 다시 말하겠지만, 유니언 신학대학 시절이 없었다면 오늘날의 강원용이 있을 수 없습니다. 강원용을 만든 세 거목을 꼽으라면 김재준 목사, 라인홀드 니버, 폴 틸리히라고 할 수 있습니다. 이 세 사람이 강원용을 강원용 되게 사상적으로 등뼈를 세워준 사람들입니다.

박근원 목사에 의하면, 강원용 목사님의 설교는 백 년에 한 번 나올까 말까 한 명설교였다고 합니다. 설교학 전공자의 말이니까 타당한 평가라고 봅니다. 그 이유는 웅변적 설교를 잘했다는 것이 아니라 기독교의 본질을 놓치지 않으면서도 깊이 있고 폭넓은, 그리고 심원성이 곁들여진 감동의 설교를 했다는 겁니다. 그 사상적 배경을 세 명의 스승으로부터 수혈 받은 것이지요.

유니언 신학대학에서 석사 과정을 마친 강 목사님은 뉴욕에 있는 뉴스쿨 대학 대학원에서 박사학위 과정을 밟습니다. 하지만 거기서 학위 논문은 쓰지 않았어요.

그 뒤 귀국한 후에는 경동교회에서 계속 목회를 합니다. 50년 가까운 세월 동안 크리스챤아카데미 활동을 하면서도, 목회지를 떠나지 않고 그곳에 당신 신앙의 뿌리를 박았지요.

마지막 순간까지 불꽃처럼 타올랐던 삶

그럼 우리 학교와의 관계에 대해 이야기해볼까요? 우리 기장이 예수교장로회 대구 제33회 총회에서 파문당한 게 1953년의 일입니다. 그러나 그 이전부터 교단의 교권자들은 선교사들과 함께 조선신학교의 김재준 목사님을 교단에서 파문시키려고 총회에서 별의별 공작을 다했지요. 자유롭고 진보적인 신학 교육을 한다는 이유였어요. 그때 학생회 회장이 강원용 목사님이었는데,

총회 석상에서 그에 대해 이의를 제기하려고 했지요.

"저는 김재준 목사님의 강의를 들은 학생 대표입니다. 저에게 발언권을 주십시오!"

하지만 학생에게 어디 쉽게 발언권이 주어졌겠습니까. 강 목사님은 발언권을 얻지 못하자 그야말로 깽판을 놓았지요. (웃음) 물론 그래서는 안 되지만, 억울하게 당하는 스승을 위해 불의에 맞서는 호기로움만큼은 참으로 대단했지요.

아무튼 1962년 강원용 목사님의 활동이 세계적으로 알려지자 매니토바 대학에서 그에게 명예신학박사 학위를 수여했어요. 강 목사님은 귀국 후 한신대와 감신대에서 강의를 했는데, 저도 1959년 한신대에 입학해 '기독교 윤리학' 강의를 한 학기 들었습니다. 그리고 경동교회 목사를 하면서 강 목사님은 크리스챤아카데미의 전신이라 할 수 있는 한국기독교사회문제연구회를 만들었고, 1962년에는 크리스챤아카데미 원장으로 취임합니다.

강 목사님은 세계교회협의회(WCC, World Council of Churches) 실행위원 및 중앙위원, 한국기독교교회협의회 회장(NCCK, The National Council of Churches in Korea), 한국방송위원회 위원장, 아시아종교인평화회의 회장으로 일하는 등 일일이 말하기도 어려울 만큼 아주 다양한 활동을 하셨어요. 그 활동을 인정해 원광대에서는 명예철학박사, 이화여대에서는 명예문학박사 학위를 수여했습니다. 2000년에는 도쿄 니와노 평화상, 2006년에는 불교계의 권위 있는 상인 만해상도 받았습니다.

강 목사님은 크리스찬아카데미 이사장직도 내놓고 여든 살이 넘어 편히 쉬실 때가 되었을 때에도 평화 포럼을 조직해 활발하게 활동하셨습니다. 평화 포럼은 그분이 하고 싶어했던 마지막 불꽃으로, 남북의 전쟁을 예방하겠다는 일념에서 비롯된 것이었지요. 강 목사님은 추상적이고 관념적인 인간이 아니었습니다. 정치 현실을 아주 냉정하게 보았습니다. 저나 여러분이나 북한이 핵무기를 터뜨린다 안 터뜨린다, "그래, 그럼 우리도 한번 붙을 용의가 있다." 이런 식으로 말만 하지 속으로는 '설마 하겠어?' 하잖아요. 하지만 강원용 목사님은 설마가 사람 잡는다고, 실제로 핵전쟁이 일어날 수 있다고 보았습니다. 또 그에 관한 정보도 많이 갖고 있었고요. 그래서 어떻게든 이 비극을 막아보겠다는 일념으로 평화 포럼을 열었던 것입니다. 이 부분은 나중에 이와 관련한 다른 전문가들이 말씀해주실 것이라 생각합니다. 그리고 2006년 8월 뜨거운 여름날, 강원용 목사님은 89세를 일기로 타계하셨습니다.

폴 틸리히의 사랑의 신학

함경남도 산골에서 태어난 청년이 온 세계를 다니면서 한국사회를 위해 큰 활동을 하게 한 사상적 배경은 무엇일까요? 물론 그를 비판하는 사람도 있습니다. 그러나 남을 비판하려면 그 사람보다 나아야겠지요. 그렇지 않으면 비판을 위한 비판에 그칠 것입니다. 자, 그럼 큰 활동을 하게 한 강원용 목사님의 사상적 배경을 살펴보겠습니다.

첫째는, 유니언 신학대학 유학 시절에 폴 틸리히 교수를 만난 것입니다. 여러분이 아시는 것처럼 그의 신학은 신학 방법론 자체가 '상관의 방법(method of correlation)'에 기초하고 있습니다. "받아라 기독교, 복음이다!" 하고 던져주기만 하지 않고, 인간의 양심과 지성과 이성으로 기독교를 세상 속에서 변증하려는 신학 방법입니다. 인간의 상황에 대해 끊임없이 질문하고 그리스도의 영원한 복음인 메시지는 위로부터 주어지는데, 그 메시지가 부딪쳐서 스파크를 내는 곳이 바로 인간 현실이고 그것이 신학이라는 겁니다. 강원용 목사님은 상황에 대한 깊은 관심이 얼마나 중요한가를 틸리히에게 배웠어요.

그는 신학 방법론뿐만 아니라, 틸리히의 은총의 신학과 사랑의 신학에서도 깊은 영향을 받았습니다. 틸리히 사상의 깊은 배경 속으로 들어가보면 성 어거스틴이 있습니다. 어거스틴은 플라토니즘에서 철학적 영향을 많이 받았지만, 기독교 신앙을 받아들임으로써 사랑과 은총의 하나님을 체험한 것이지요. 틸리히는 사랑이야말로 신의 본성이며 죄와 정반대되는 것이라고 보았습니다. 죄는 분리(separation)인 반면, 사랑은 재결합(reunion)하는 힘이자 소외를 극복하고 새롭게 재연합시키는 하나님의 능력이며 은총의 힘이고 구체적인 하나의 실재라고 이해했어요. 사랑이 가진 통합의 힘(unitive power), 이것에 깊은 감동을 받은 사람입니다.

저는 강원용 목사님의 설교를 들을 때 종종 틸리히의 영향을 느끼곤 했습니다. 틸리히에게 얼마나 영향을 받았고, 또 그를 얼마나 사랑했는지를 잘 알 수 있게 하는 예가 있지요. 『흔들리는 터전(The Shake of Foundation)』『새로운 존재(The New Being)』『영원한 현재(The Eternal Now)』는 틸리히의 유명한 설교집인데, 강 목사님은 바쁘게 활동하는 중에도 『새로운 존재』를 번역했어요.

강 목사님은 결국 복음이라는 것이 그리스도 예수 안에서 옛 사람이 죽고 새롭게 거듭나서 새로운 피조물이 되는 인간 혁명의 사건이라고 이해했습니다. "보라, 그리스도 안에 있으면 누구든지 새로운 피조물이라."(「고린도후서」 5장 17절) 이것이 기독교 복음의 핵심이라 보았고, 그 핵심을 사랑의 힘으로 본 것입니다.

라인홀드 니버의 크리스천 리얼리즘

두 번째로, 그의 사상적 배경에는 라인홀드 니버가 있습니다. 니버의 윤리학은 강 목사님의 전공이지요. 신학사에서는 니버의 윤리를 크리스천 리얼리즘(Christian realism)이라고 부릅니다. '기독교 현실주의'라고 번역하지요. 왜 그런 말을 붙이냐 하면, 그리스도 사상사에는 두 가지 흐름이 있단 말이에요.

인간은 타락한 죄인이고 썩어 문드러져서 기대할 것이 하나도 없다, 그리스도의 대속적 죽음으로 죄 사함을 받고 천국에나 가자, 이 땅에서 윤리적인 사회정의 활동 같은 건 할 필요가 없다고 보는, 인간 활동과 본성에 대한 완전한 비관주의와 역사 포기가 한쪽에 있어요. 다른 한쪽에는 그렇지 않다, 크리스천은 인간의 힘으로 이 땅에 하나님의 나라를 건설해야 한다, 역사는 진보하고 발전할 수 있다고 주장하는 역사 낙관주의, 진보주의, 개혁주의가 있습니다.

라인홀드 니버는 그 양극단을 동시에 비판하고 지양합니다. 인간의 현실적 조건 안에서 최선을 다하는 그리스도인의 윤리적 책임을 강조하는 것이지요. 강원용 목사님은 유학을 가기 전에 이미 니버의 『빛의 자녀와 어둠의 자녀들』을 보고 큰 감명을 받았어요. 그 책이 자신의 사상에 일대 전환을 가져왔다고 고백했지요.

니버의 이야기를 좀더 해야겠습니다. 그는 인간 이해에 있어서 하나님의 형상을 지닌 인간의 자유 의지, 창조적 의지를 공정하게 보아야 하고, 동시에 인간은 지극히 이기적이고 자기중심적인 존재라는 것을 정직하게 보아야 한다고 강조합니다. '원죄가 무엇이냐'고 니버에게 물으면, 뿌리 깊은 인간의 본성 속에 있는 자기중심적 이기심이 원죄의 구체적 실체라고 합니다.

그럼 그 원죄는 어디서 나올까요? 육체에서 나올까요? 아니면 생물학적 존재니까 성욕이나 식욕, 이런 것에서 나올까요? 니버는 그렇게 보지 않아요. 그런 욕구는 다른 동물들도 다 갖고 있지만 인간처럼 무서운 죄를 짓지는 않거든요. 니버 윤리의 핵심은 죄가 인간의 무지나 생물학적 존재성에서 발생하는 것이 아니라, 매우 역설적이게도, 이것도 할 수 있고 저것도 할 수 있다는 자기 초월적인 자유로운 정신 능력에서 비롯된다는 거예요. 하나님의 뜻에 순종할 수도 있지만, 하나님의 뜻을 배반할 수도 있는 양면적 성격을 갖고 있기 때문에 그렇다는 겁니다. 그래서 그는 유토피아적 낙관주의나 비관적 역사 현실 도피주의를 비판하지요. 크리스천은 양면성을 정직하게 보고, 물론 100퍼센트 하나님 앞에서 선한 삶을 살 수는 없지만, 하나님께 용서를 구하며 최선을 다해 크리스천으로서 할 수 있는 윤리적 실천을 행하는 것이 옳다고 말합니다. 이것이 바로 크리스천 리얼리즘이지요.

개인윤리, 정치윤리, 경제윤리, 사회윤리 모든 영역에서 그렇다는 거예요. 그렇게 하기 위해서는 힘을 조직하되, 조직된 힘들은 집단적 이기심을 가지고 사회를 위태롭게 하니까 조직 단체들끼리 서로 견제함으로써, 이른바 말하는 근사치적으로 해결하는 방법밖에 없다고 이야기합니다. 또 『도덕적 인간과 비도덕적 사회(Moral Man and Immoral Society)』에서는 개인윤리와 사회윤리의 차이를 강조하면서, 집단 간 사랑의 실천은 정의를 실천함으로써 간접적으로 현실화할 수 있을 뿐이라고 이야기합니다. 니버의 윤리를 쉽게 이해하려면, 민주주의와 인간 본성의 관계에서 "정의를 위한 인간의 능력이 민주주의를 가능하게 하고, 불의로 기울어지기 쉬운 인간의 경향성 때문에 민주주의는 필요한 것이다"라는 유명한 말을 기억해두십시오.

강원용 목사님은 틸리히와 니버를 통해 기본적인 신학 이론을 정립했고, 그 후 뉴스쿨 대학의 대학원 박사 과정과 아카데미 운동을 통해 더 깊은 연구를 해나갔습니다. 그리고 그 이론과 방법론이 현실적인 문제들을 풀어가는 데 참조점이 되었던 것이지요.

강 목사님은 자서전인 『역사의 언덕에서』 머리말에서 이렇게 이야기합니다.

> 독선적이고 폐쇄적으로 대립하는 역사 속에서 나는 양극을 넘어선 제3지대에 내가 설 자리를 마련하려고 애쓰며 살아왔다. '중간 그리고 그것을 넘어서(between and beyond)' 살고자 했던 나는 항상 양극 사이에서 좁고 험한 길을 걸어야 했고, 나를 잘못 이해하는 사람들에게 중간파, 때로는 회색분자 취급도 받았다. 그러나 어느 편은 절대 선이고 그 반대편은 절대 악이란 사고방식은 옳지 않다고 보았기에 이를 해소하고자 1959년 크리스챤아카데미 운동을 시작하면서 '대화'로 각 방면의 대립을 해소하고 화해의 길을 열기 위해 노력했다.

다섯 권으로 출간된 이 책에서 목사님의 가장 핵심적인 생각이 잘 나타나고 있습니다. 강원용 목사님의 신학은 과연 무엇이었고, 또 그는 어떻게 살고자 했는지, 그 평가는 하나님이 하실 것이고 역사가 하겠지만 강 목사님 자신은 늘 이런 생각으로 살아

왔다는 것이지요.

강 목사님은 라인홀드 니버와 폴 틸리히, 뉴스쿨 대학 대학원, 그리고 구체적으로 언급하지는 않았지만 독일의 프랑크푸르트 학파, 하버마스나 아도르노 등의 영향 속에서 이른바 제3의 길을 가고자 했던 것으로 보입니다. 다시 말해 자본주의도 아니고, 사회주의나 공산주의도 아니고, 요즘 독일이나 북유럽 3국이 추구하는 사회적 민주주의 혹은 민주적 사회주의, 그런 노선에 다가가는 비전을 가졌을 거라는 말이지요. 사회가 서로 대화하고 소통하고 함께 조직을 이루어나가는 것, 이것이 서구 지성인 사회에서 추구했던 것 아니겠습니까? 그런데 한국에서는 그게 허락이 안 되었던 거예요. 그런 걸 하면 공산당, 좌파 그랬으니까요.

1970년 초, 제가 한신대에서 부교수로 일할 때의 일입니다. 그때 여러분의 선배들은 유신 독재에 반대하다가 감옥에 수없이 잡혀 들어갔어요. 그런데 군 출신 검사가 피고 학생들을 가르친 교수들을 불러 증언을 하라는 거예요. 무슨 증언인가 하니, 학생들의 진술에 따르면 몰트만의 희망 신학과 틸리히의 진보 신학에서 영향을 많이 받았다는데 몰트만과 틸리히 신학 사상에 사회주의 요소가 있느냐 없느냐를 말하라는 것이었어요. 사실 틸리히의 『사회주의의 결단』이라는 유명한 책을 보면, 그가 말하는 사회주의는 유물론이나 공산주의가 아니에요. 틸리히의 견해에 의하면, 정의와 평등을 추구하는 초기 마르크스의 인간적 사랑의 풀뿌리는 그의 핏줄을 타고 들어가보면 구약에 나오는 예언자들의 사상이라는 겁니다. 예언자들의 정신을 정치사회적이고 세속적으로 표현한 게 사회주의라고 봅니다.

하지만 우리 사회에선 사회주의란 공산주의이고 유물론이며, 남한을 정치적으로 전복시키려는 사상이라고 규정합니다. 그러니 몰트만이나 틸리히 사상에 사회주의 요소가 있다고 말하면 우리 제자들이 빨갱이로 몰릴 것이고, 반대로 없다고 말하면 학문적으로 거짓말을 하게 되는 거예요. 이럴 경우 여러분이라면 어떻게 대답하겠습니까? 저는 뭐라고 했을 것 같나요? 사실 그때 제가 어떻게 대답했는지 잘 기억이 안 나요. (웃음) 여하튼 그런 시대에 강원용 목사님도 활동했다는 점을 말하고 싶은 겁니다.

강원용 목사와 한국기독교, 그리고 한국사회

열린 개혁파 교회 정신의 개척자

교회가 강원용이라는 인물을 통해 우리 사회에 어떤 영향과 충격을 주었는지는, 강 목사님이 어떤 분이었는지를 정리해보면 잘 알 수 있습니다. 다음의 네 가지로 요약해보겠습니다.

첫째, 열린 개혁파 교회 정신의 개척자로서 그 정신을 실현하고자 노력했습니다. 개혁파 교회 전통(Reformed Church Tradition)이란 간단히 말하면, 장로교 칼뱅의 신앙고백적 정신이라고 할 수 있겠지요. 한국의 장로교는 제일 큰 교파이긴 하지만, 본래 칼뱅이 말하는 개신교의 개혁파 교회 정신을 거의 갖고 있지 않아요. 보수 교단은 개혁파 정신이 없어요. 왜냐하면 하나님의 창조 세계 전 영역에서 하나님의 주권이 막히지 않고 실현되어야 한다는 정신이 바로 개혁파 교회 신앙이거든요. 그래서 칼뱅은 제네바 전체를 하나님의 정의와 사랑과 진실이 실현되도록 노력했습니다. 요샛말로 하면 사회적 윤리이지요. 기독교의 사회적 윤리, 그 책임과 참여를 포기하는 장로교는 장로교가 아니에요. 한국의 장로교 목사들이 자기 교파의 뿌리에서 이탈한 보수 교단이 되었던 것입니다. 강원용 목사님은 그것을 바로 세우려고 몸부림쳤어요. 보수 신학과 타계 신앙이 대세인 한국교계에 그리스도 복음을 역사의 전 영역으로 전달하려고 한 거예요. 지금으로 말하면 하나님의 선교겠지요. 그리고 기독교 역사 참여와 사회윤리를 맨 처음 강원용 목사님의 마음속에 심어준 사람이 바로 장공 김재준 목사님과 라인홀드 니버였던 것입니다.

김재준 목사님의 전집을 보면, 1945년 해방 정국에서 청년들을 대상으로 강연한 이야기가 나옵니다. 그때는 남한에 이승만 정권이 서기 전이고, 북한에도 김일성 정권이 서기 전이었어요. 그러니까 우리 앞날을 어떻게 설계해봐도 괜찮을 때였던 겁니다. 하지만 정치학자도 법률학자도 아무도 그에 관해 이야기하지 않았어요. 그때 김재준 목사님은 선린형제단 청년들을 경동교회 앞에 모아놓고 '기독교의 건국이념'이라는 강연을 했어요. 여러분, 꼭 찾아보세요. 이것도 안 보고 한신대 대학원에 다닌다면 순 엉터

리예요.

1945년 그 강연에서 김재준 목사님은 "하나님의 주권과 영광이 삶의 전 영역에 현실과 과거와 미래, 산 자와 죽은 자, 종교계뿐만 아니라 정치와 경제, 사회, 문화의 모든 영역에 막힘없이 실현되어야 한다고 믿는다"고 했습니다. 그렇다고 해서 교회가 정치에 직접 뛰어들어 감 놔라 배 놔라 하지는 않겠지만, 그리스도 정신과 이념이 깃든 국가가 세워졌으면 좋겠다고 하는 개혁파 교회 정신의 실현을 이론과 설교와 실천을 통해 최초로 말한 개척자였던 것입니다. 20세기 후반 한국기독교 목회자로서 복음의 사회적 책임을 강조한 선구자였지요.

기독학생운동과 에큐메니컬 운동의 선구자

둘째, 강원용 목사님은 기독학생운동과 에큐메니컬 운동의 선구자였습니다. 강 목사님은 30대 이전부터 전 세계를 누비고 다녔어요. 국내에서나 외국에서나 중요한 책임을 맡아 활발히 활동했고, 선구자로서의 역할을 해냈지요. 이 부분에 대해서는 박경서 박사가 좀더 자세히 설명해줄 거라 생각합니다.

강 목사님의 활동 가운데 제일 인상 깊은 것은 수유리의 크리스찬아카데미를 통해 한국의 근대화와 산업화, 민주화 과정에서 엄청나게 터져 나오던 사회 갈등을 대화운동으로 조정하려고 했던 것입니다. 정치, 노동, 여성, 교육, 환경, 종교 등 다양한 분야에서 갈등 관계에 놓여 있던 집단 대표들을 대화의 자리에 앉도록 했지요. 강 목사님은 그런 면에선 천부적인 설득력과 용인술을 갖고 있었어요. 말이야 바른말이지, 크리스찬아카데미가 뭡니까. 그저 자그마한 사회교육 기관의 하나일 뿐이에요. 또 강원용 목사는 일개 개신교 목사 아닙니까. 그런데도 우리나라 역대 대통령 후보치고 그곳에 다녀가지 않은 사람이 없습니다. 그리고 내로라하는 역대 장관과 국회의원, 노동운동 하는 사람, 여성운동 하는 사람이 모두 모였지요. 그걸 생각하면 정말이지 그저 놀라울 따름입니다.

사이·너머(between & beyond)

그럼 대화라는 것이 무엇이냐, 이것이 핵심적인 문제이지요. 강 목사님의 이념은 늘 '사이·너머'였습니다. 최근에 리처드 세넷의 『투게더: 다른 사람들과 함께 살아가기』라는 좋은 책이 나왔더군요. 그에 따르면 대화에는 두 종류가 있다고 합니다. 하나는 변증법적 대화이고, 또 하나는 대화적 대화입니다.

변증법적 대화는 변증법이라는 말 그대로 서로 대립하는 두 집단에서 공통적인 것을 감지해내고, 또 좋지 않은 것은 서로 없애버리고 좋은 점을 고양시켜서 보다 더 높은 곳을 지향하여 제3

의 길을 이론과 실천으로 추출해내려고 하는 적극적인 입장이라고 볼 수 있어요. 그에 비해 대화적 대화는 제3의 길까지는 안 가도 좋지만, 상대방을 너무 몰라 생기는 오해 때문에 감정의 골이 깊어졌을 때는 일단 사람들을 한자리에 앉혀 서로의 입장을 듣게 하는 겁니다. 그러니까 당신은 왜 그런 말을 하는지, 왜 그런 행동을 하는지, 왜 노동자들은 머리에 빨간 띠를 두르고 소리치지 않으면 안 되는지, 왜 기업주는 경찰을 동원해서 그걸 막으려고 하는지를 함께 이야기하는 것이지요. 그렇게 하면 제3의 길은 없더라도 예전에는 미처 몰랐던 사실을 알게 되고, 또 상호 간의 이해를 넓혀 증오와 미움을 조금은 줄일 수 있지 않겠느냐는 입장이에요.

최근에 돌아가신 오재식 선생은 알렌스키에게 조직 이론을 배운 분인데, 그분 입장에서 보면 강 목사님의 대화적 태도는 너무 '부드러운 접근 방법'이었을 겁니다. 7, 80년대 한국의 노동운동은 사실 그랬죠. 약자의 상황이 너무 열악했으니까요. 약자의 조직 자체가 허락되지 않는 상황에서 어떻게 약자들이 조직되고 힘을 발휘해서 불의한 현실을 개혁해나갈 것이냐가 아주 중요한 문제였지요. 그래서 저는 당연한 비판이라고 봅니다. 하지만 강 목사님의 입장을 살펴보면, 그것을 할 줄 몰라서가 아니라 자기가 할 일은 그게 아니라고 생각하셨던 것 같습니다.

또 강 목사님이 지닌 삶의 철학은 평생 스승으로 모셨던 김재준 목사님과도 다를 수 있어요. 그것을 우리가 인정해야 하는 겁니다. 노구를 이끌고 민주화 투쟁에 참여했을 때, 김재준 목사님은 이렇게 말씀하셨어요.

> 나는 나의 삶 속에서 '예' 할 것은 '예', '아니요' 할 것은 '아니요'라고 분명히 말하겠다. 그 나머지는 하나님께 맡길 것이다.

다시 말해 '예'와 '아니요'를 말해야 할 때는, 물론 그것이 절대선이 아닌 줄은 알지만 상대적으로 보다 더 선한 쪽에 분명히 서 주어야 하고, 그로 인해 고통과 시련이 찾아온다 해도 기꺼이 감수할 각오가 되어 있다는 입장인 것입니다. 강 목사님은 장공의 입장을 충분히 이해하셨습니다. 혹여 다치기라도 하면 어떡하나 걱정도 많으셨지요. 아닌 게 아니라 한명숙 전 총리 등 중간집단 교육 스태프들이 아카데미 사건으로 감옥에서 고초를 겪을 때, 강 목사님도 끌려가서 조사를 받고 그랬습니다. 그러나 기본적으로 강 목사님은 우리 사회가 지나치게 흑백논리에 빠져 있다고 생각했지요. 한쪽은 절대 선, 또 한쪽은 절대 악이라 주장하는 흑백논리를 하나님 앞에서는 결코 내세워선 안 된다는 입장인 거지요. 강 목사님이 직접 말한 적도 있지만, 그 때문에 목사님은 오해도 많이 받았다고 합니다. 물론 그의 삶에 대한 평가는 사람마다 다르겠지만, 강 목사님이 신념을 가지고 최선을 다해 살았다는 점에서 저는 그분을 존경해도 좋다고 봅니다.

체험적 반공주의자

강 목사님은 체험적 반공주의자였습니다. 북한의 초기 공산주의가 종교나 개인의 활동을 얼마나 억압하는지 직접 체험해보았기 때문에, 지금의 북한 공산주의 체제로는 안 된다는 걸 알면서도 어떻게든 전쟁 재발을 막기 위해 애를 썼지요. 남북 평화운동을 위해 온 힘을 기울였던 노후의 강 목사님 모습이 아직도 눈에 삼삼합니다.

자, 이제 오늘의 강연을 마무리할 때가 되었네요. 강원용 목사님의 사회 활동과 목회 활동에 대한 신학적 배경과 그 의미를 이렇게 공개적으로 살펴본 것은 이번이 처음이 아닌가 합니다. 여러분에게 많은 참고가 되길 바랍니다. 앞으로 이어질 여섯 번의 강연에서도 좋은 이야기를 많이 들으실 수 있을 것입니다. 많이 배우도록 하세요. 고맙습니다.

여해 강원용 목사와 세계 교회의 에큐메니컬 운동

박경서
유엔 인권정책센터 이사장

1939년 전남 순천 출생. 서울대 사회학과를 졸업하고, 독일 괴팅겐 대학교 대학원에서 사회학석사와 박사 학위를 받았다.
크리스찬아카데미 부원장과 세계교회협의회(WCC) 아시아 국장과 아시아정책위 의장을 역임했다. 대한민국 초대 인권대사(2001~07년), 국가인권위원회 상임위원, 이화여대 석좌교수 및 전 평화학연구소 소장 등을 역임했다. 지금은 유엔인권정책센터 이사장, 경제정의실천시민연합 고문으로 활동하고 있다.
2005년에 대한민국 황조근정 훈장을 수상했으며 타히티, 네팔, 인도 등에서 인권상 및 공로패를 받았다. 주요 저서로 『인권대사가 체험한 한반도와 아시아』 『지구촌 시대의 평화와 인권』 『세계시민 한국인의 자화상』 『WCC 창으로 본 70년대 한국 민주화 인식』 『인권이란 무엇인가』 등이 있다.

방금 소개받은 박경서입니다. 한신대는 오랫동안 저의 삶과는 떼려야 뗄 수 없는 관계에 있는 학교입니다. 오늘 이 자리에서 강원용 목사님을 생각하는 두 번째 강의를 하게 된 것을 큰 영광으로 생각하며, 제가 다니는 경동교회와 한신대에 깊은 감사를 드립니다. 저는 지금도 학생들을 가르치고 있는데, 특히 신학을 전공하는 여러분들 앞에서 이렇게 이야기할 수 있다는 게 더욱 의미가 있다고 생각합니다.

저는 1957년 대학 1학년 때부터 경동교회에서 강원용 목사님의 설교를 들으며 자아 형성을 한 사람입니다. 당시 강원용 목사님은 한국의 여타 목사님들에게선 들을 수 없는 이야기를 많이 들려주셨습니다. 지금 세계는 어떻게 변하고 있으며, 그렇기 때문에 앞으로 신앙인은 자신의 삶을 어떻게 살아야 하는가 하는 실천적 신앙인의 삶을 설파하셨지요.

강 목사님은 미국 유니언 신학대학에서 사회윤리학을, 그리고 뉴욕의 뉴스쿨 대학에서는 사회조사방법론을 연구하셨습니다. 또 그 이전에 이미 캐나다의 매니토바 대학에서 신학을 전공하셨지요. 물론 거기엔 한신에서 공부하셨던 바탕이 있고, 당시 제가 다닐 때에는 많은 학생들에게 우상에 가까운 스승으로 존경을 받았습니다. 제가 어쩔 수 없이 다녔던 서울대의 어느 교수보다 청년들에게 사상적으로 커다란 영향을 끼친 분입니다. 사회참여를 하는 교회, 그래서 교회 갱신과 사회 갱신(renewal of church and renewal of society)이라는 신앙고백을 우리에게 가르쳐주신 어른입니다.

사회참여가 없는 보수적 신앙 위에서 율법에만 머물러 있는 교회, 개인 구원만 강조하고 사회악에는 눈을 감아버리는 교회는 우리의 신앙고백이 결코 아니라고 말씀하셨습니다. 그 힘 있는 말씀이 지금도 우리의 귀를 울리고 삶의 가치를 제시하고 있습니다. 오늘날 우리 주위를 둘러보면, 그리고 교회의 세습화와 금전주의, 대형화, 정치권력을 지향하는 측면을 생각해보면 강원용 목사님과 김재준 목사님, 김관석 목사님은 무척이나 그립고 다시 갖고 싶은 어르신들입니다. 그러기에 지금 이 자리가 저에게, 그리고 학생 여러분에게 퍽 의미 있는 모임으로 기록되리라 확신합니다.

우리나라 신문들이 세계의 뉴스를 잘 전달하지 못하기 때문에 저는 영국 BBC 뉴스를 자주 듣습니다. 그런데 이번에 교황이 된 프란치스코(Franciscus. Jorge Mario Bergoglio) 경에 대한 뉴스가 계속해서 나오더군요. 1517년에 마르틴 루터(Martin Luther)는 가톨릭이 더 이상

신자들에게 희망을 주지 못하기 때문에 종교개혁을 한다고 했습니다. 이번에 교황으로 선출된 프란치스코 경은 지금껏 전철을 타고 다녔고, 교황이 된 다음 날 아침에도 수행원 없이 혼자서 자신이 머물렀던 호텔에 가서 직접 투숙비를 내고 교황청으로 들어갔다고 합니다. 또 가난한 이들에게 힘이 되고 세계 평화를 이루는 데 조금이라도 보탬이 되기 위해 교황이 되려고 했다는 것입니다. 그 이야기를 들으면서 오늘날의 개신교와 가톨릭이 어떤 식으로 하나님의 역사 앞에서 신앙고백을 하고 있는가를 다시 살펴보아야 한다고 생각했습니다.

저는 1965~67년, 1969~71년, 1976~81년까지 10년간 크리스찬아카데미 프로그램을 수행하면서 강원용 목사님을 직접 모셨습니다. 물론 제네바에서 살았던 18년 동안 WCC(World Council of Churches, 세계교회협의회) 생활을 할 때에도, 그리고 2000년에 귀국해서 목사님이 세상을 떠나신 2006년까지 목사님과 경동교회, 그리고 평화 포럼 프로그램을 도우면서 목사님과 같이 지냈습니다. 다음에 이어질 저의 이야기는 이런 배경에서 그분의 에큐메니컬 운동을 세계 교회의 시각으로 살펴본 것입니다. 그래서 이 글은 아주 한정된 범위에서 기술되었습니다. 눈먼 장님이 코끼리의 일부만 만져본 후 코끼리에 대해 얘기하는 오류를 처음부터 안고 가는 것임을 우리 한신대 학생들은 기억하고 이해해주시기 바랍니다. 마지막에 첨부한 글도 이런 미진한 본문의 글을 보충하는 의미에서 참조해주시길 부탁하는 바입니다.

강원용의 사상 편력

니버의 참여의 윤리

강원용 목사님과 그의 사상 편력을 살펴보겠습니다. 90년 세월에 걸친 목사님의 파란만장한 삶은 이것이었다라고 자신 있게 말할 사람은 이 세상에 아무도 없을 것입니다. 세상을 떠나시기 전까지 근 50년을, 때론 가까이에서 때론 멀리서 모신 저도 목사님의 무궁무진한 삶의 궤적을 온전히 꿰뚫을 수 없습니다. 한마디로 말하면, 어느 누구도 이런 시도 자체가 불가능함을 전제해야 할 것입니다. 그래서 저는 제가 모신 짧은 만남의 시절에 근거할 수밖에 없습니다. '크리스찬아카데미 운동을 왜 시작하셨을까? 찬란한 설교 하나만으로도 성공한 목회자일 수 있을 텐데' 하는 물음이 저에게는 늘 있어왔고, 지금도 있는 게 사실입니다.

저는 1965년 해병대 장교로 제대한 후 27세 신출내기 청년으로 그해 5월부터 아카데미 간사로 사회에 입문하게 되었습니다. 목사님과는 그 이전부터 알고 있었지만, 1965년 저를 취직시키면서 1959년에 당신이 창설한 한국기독교사회문제연구회의 창립 이념에 대해 말씀해주셨습니다. 4·19혁명의 일원으로 한국사회의 비리를 척결하고 싶은 마음이 있었던 저에게, 기독교적 바탕 위에 사회정의를 위한 교회의 사회참여 이론의 근거를 합리화해주셨던 것입니다. 목사님의 호소는 굉장히 설득력이 있어서 저는 『조선일보』 기자가 되려고 했던 꿈을 접고 목사님을 따라나섰습니다.

저는 그때부터 목사님이 유니언 신학대학 유학 시절에 독일 출신의 기독교 사회윤리학자인 라인홀드 니버 교수에게 큰 영향을 받았음을 알 수 있었습니다. 목사님은 보통의 다른 신학자들처럼 이론에 치우친 공허한 추론에 머무르는 신학이 아니라, 구체적인 현실 상황과 연계되고 정의에 입각한 사회참여가 신앙적 고백이어야 한다는 니버의 신학을 적극 수긍하셨던 것 같습니다. 그러면서도 니버의 한계를 동시에 읽으셨어요. 니버의 콘텍스트는 독일과 미국이라는 서구의 틀이므로 한국의 틀에 맞는 미래의 강원용의 사회참여를 위한 도구로서, 당시 뉴욕에 위치한 뉴스쿨 대학에서 사회학, 특히 사회조사방법론을 공부하고 또 그 조사 방법의 틀을 동원해서 아카데미 운동을 하게 되었다고 저에게 설명해주셨습니다. 분명히 라인홀드 니버의 신학은 참여와 윤리라는 점에서 목사님에게 큰 영향을 미친 것만은 틀림없습니다.

강 목사님이 크리스챤아카데미 운동을 시작한 것은 여러 면에서 그보다 선배인 독일 아카데미 운동의 창시자인 에버하르트 뮐러 박사의 영향이 컸다고 생각합니다. 초창기 한국 아카데미 운동의 여러 프로그램은 독일 괴팅겐 밧볼 아카데미의 것을 많이 참고했습니다. 저도 1967년 2월부터 1969년 8월까지 1년 6개월간 그곳에 있었습니다. 목사님이 한국사회에 처음 소개한 타궁(Tagung)이라는 대화모임은 수유리 아카데미하우스에서 진행했고, 평신도 훈련 프로그램은 수원 '내일을 위한 집'에서 실시되었으며, 연구 프로그램 등도 적게나마 시내에 있는 아카데미 사무실에서 추진했습니다. 이 모든 것이 제2차 세계대전의 폐허 속에서 독일사회를 재건하려는 독일교회의 사회참여가 밧볼을 중심으로 에반겔리쉐 아카데미 프로그램으로 나타난 것을 목사님께서 참고하신 것입니다. 당시 독일의 국가 재건에 비유되던 우리나라의 현실을 감안하여 독일의 모델을 우리 상황에 과감하게 접목시키신 거지요. 특히 강 목사님은 독일이 분단되어 있던 45년간 베를린 브란덴부르크 주교회의 대주교였던 쿠르트 샤프 박사를 많이 좋아했고, 그분에게 많은 영향을 받았습니다. 대주교님은 노구를 이끌고 크리스찬아카데미 반공법 조작 사건으로 중앙정보부 지하실에 끌려간 아카데미 스태프들을 두 번이나 방문한 후에, 이것은 '군사독재의 조작 사건'이라고 만천하에 갈파하셨어요. 또 그분은 독일이 분단되어 있는 동안에도 독일교회는 분단이 없는 하나의 교회임을 끝까지 주장하고 실천하셨습니다. 45년간의 분단 상황을 딛고 1990년 10월 3일 통일을 이룰 때까지 독일인의 정신적 지표요, 지도자 역할을 한 분입니다. 강 목사님이 숨을 거두실 때까지 한반도의 평화 정착을 위해 활동하신 것도 독일 통일과 그 맥을 같이하는 것으로 보입니다.

조금 더 나은 선, 조금 덜한 악(larger good, lesser evil)

강 목사님이 제시하신 윤리의 판단 근거를 보면, 미국의 성공회 신부이자 유명한 상황윤리학자인 조셉 플레처(Joseph Fletcher) 박사의 상황윤리에 바탕을 두고 있다는 것을 알 수 있습니다. 세상에는 절대 선과 절대 악이 존재하지 않는다. 그렇기에 조금 더 나은 선(larger good)과 조금 덜한 악(lesser evil)만이 존재한다. 구체적인 콘텍스트, 즉 구체적인 상황에 따라 판단이 바뀔 수 있다고 하는 목사님의 주장은 플레처의 사상과 맥을 같이합니다. 그렇다고 목사님이 플레처의 상황윤리를 그대로 받아들인 것은 아닙니다. 한국사회에 맞게, 그러니까 당신의 틀 속에 용해시켜 한국의 상황윤리로 만들어갔던 것이지요. 이는 목사님이 끝까지 주장하고 밀어붙였던 대화모임에 깊은 이론적 근거를 제시합니다. 전쟁과 폭력을 거부하는 평화적 수단인 대화모임이 최선이라는 것으로, 이 모임은 지금도 크리스챤아카데미의 후신인 대화문화아카데미에서 진행하고 있습니다. 목사님의 '사이·너머(Between and Beyond)'라는 이론도 이와 맥을 같이하고 있습니다. 평생 동안 합리적 보수와 이성적 진보는 한 나라의 건설과 같이 가야 한다고 생각하신 것입니다.

목사님과 오랫동안 같은 생각을 갖고 만남을 가져온 사람은 헤아릴 수 없이 많지만, 아직 살아 계신 몇 분 가운데 눈에 띄는 분들이 있습니다. 그중 한 분이 바로 전 독일 대통령인 리하르트 폰 바이츠제커(Richard von Weizsäcker) 박사입니다. 두 분은 WCC 중앙위원과 실행위원으로 많은 일을 함께 하셨습니다. 이분이 베를린 대학에서 이런 이야기를 하셨습니다.

독일의 전쟁 반대, 그리고 화해를 동반한 평화운동은 반미운동이 아닌 기독교인의 신앙운동입니다. 저는 독일 대통령으로서 이곳에서 연설을 하는 것이 아니고, 독일인 선배로서 후배들에게 연설을 하는 것입니다. 여러분은 히틀러가 제2차 세계대전 중에 저지른 만행을 여러분이 태어나기 전의 일이니까 관계없다고 생각할 수 있겠으나, 이는 잘못된 생각입니다. 여러분 모두는 독일의 학생들이고, 또 독일에서 공부한 외국의 학생들이니 저와 함께 세상을 떠나 죽을 때까지 히틀러의 만행에 속죄하며 살아야 합니다.

바이츠제커 박사는 강 목사님이 아주 가까이하신 세 살 아래 친구입니다. 두 분은 평화가 정의와 동반될 때에야 비로소 '참 평화'라고 주장합니다. 두 분 모두 정의는 평화를 가질 때 진짜 정의가 되고, 평화는 정의를 갖지 않으면 강자의 논리, 강자의 평화에만 머무를 수 있다고 말합니다. 이는 WCC의 JPIC(Justice/Peace and Integrity of Creation)라는 신앙고백과 맥을 같이하는 것입니다.

두 번째는 캐나다의 루이스 윌슨 여사도 강 목사님과 가까이 지냈던 분입니다. 윌슨 여사는 캐나다 상원의원을 지냈고 WCC에서 중앙위원과 실행위원으로 같이 활동하셨지요. 목사님보다 손아래였지만 아주 가까운 친구였고, 목사님이 캐나다에 유학했던 시절 윌슨 여사의 집에서 하숙을 하셨습니다. 훗날 광주민주항쟁에 대한 해석에 있어 약간의 견해차가 있긴 했지만, 매우 친밀한 동료였습니다. 몇 년 전에 경동교회에 와서 설교도 하셨지요.

아시아에서는 인도네시아의 시마투방 장군과 오랫동안 교분을 쌓았습니다. 특히 다민족 국가인 인도네시아의 판차실라(Pancasila) 이념에 많은 관심을 가졌는데, 시마투방과의 대화 속에서 한국도 언젠가는 다문화 가족이 팽배하게 될 것이라는, 한국의 미래를 읽었던 것 같습니다. 이외에도 인도의 토마스(M. M. Thomas), 나일스(D. T. Niles), 우 초 탄(U Kyaw Than), 다케나카 마사오, 알프레트 슈미트(Alfred Schmidt) 등 실로 헤아릴 수 없이 많은 분과 교분을 맺었습니다. 그 우정의 여정 속에서 서로의 사상을 주고받는 가운데 많은 영향을 받으셨다고 저는 지금도 느끼고 있습니다.

다음 몇 가지는 목사님의 신앙고백으로, 우리에게 직접 들려주셨던 고백임을 여러분께 알려드리겠습니다.

목사님은 한국의 얼을 세계에 심었고, 그리고 세계의 이슈를 한국 교회에 가져온 분입니다. 어느 국제회의에 가더라도 한국이라는 나라를 잊어본 적이 없으십니다. 한국에 대한 자랑을 잊지 않으셨지요. 가난하고 보잘것없는 한국 교회를 근저에 두고 세계 교회를 보았고, 그리고 세계 교회를 한국 교회에 심은 분입니다. 이 일은 간단한 일이 아니고 무척 힘든 작업입니다. 세계 교회에서 한국의 교회는 350개 교단 가운데 하나에 불과하지만 웅변을 통해 한국 교회의 멋있는 점을 계속해서 강조하려고 노력하셨습니다. 그래서 한반도의 분단은 우리 문제이지만 세계의 틀 속에서 풀 수밖에 없다는 냉철한 국제 시각도 동시에 갖고 있었고, 한반도 분단에 책임이 있는 미국과 소련, 중국, 일본은 우리보다 통일을 덜 원하지만 그들 없이는 통일을 할 수 없다는 신앙고백을 하셨습니다.

여성 안수의 문제가 세계 교회의 추세임을 한국 교회에 널리 알리는 동시에 이를 남성과 여성의 의식 속에서 같이 풀어보려 애쓰셨습니다. 그래서 교회 내에서 여성 교육을 남성 교육보다 우선순위에 놓고, 여성의 인권은 여성 스스로가 깨어 있을 때에만 가능하다는 신앙고백을 계속해서 들려주셨습니다.

평신도 중심의 에큐메니컬 운동

강 목사님은 세계 교회의 에큐메니컬 운동이 평신도운동 중심으로 이루어져야 한다고 생각한 분입니다. 평신도운동을 성직자, 여성, 노동자, 농민, 청년 운동과 마찬가지로 추진하셨습니다. 오늘날 한국 교회의 에큐메니컬 운동은 성직자 중심으로 전개되고 있습니다. 그렇기에 스스로 한계에 도달했으며 평신도의 광범위한 원호를 받지 못하고 있습니다. 올해 10월 30일부터 시작되는 WCC 준비도 절름발이식이 되어 과연 성공된 준비 모임이 될지 걱정스러운 상황에 와 있습니다. 이것은 목회자들만 모여 생각하는 WCC로 갔기 때문에 그렇습니다. WCC는 올해로 제10차 총회를 맞이합니다. 저는 WCC 직원으로 일하는 동안 1983년의 밴쿠버 총회, 1991년의 캔버라 총회, 1998년의 짐바브웨 하라레 총회를 직접 조직했습니다. 그리고 지난번 제9차 총회인 브라질 포르토 알레그레 총회까지 참석한 바 있는데, 현재 제10차 총회가 몇 개월밖에 남지 않은 상황에서 한국 교회가 그 폭을 넓혀 평신도들의 적극적인 참여를 유도하여 준비하기를 바랍니다.

제1차부터 제9차까지 모든 총회는 NCC가 중심이 되어 진행했습니다. 어제 제가 기장의 배태진 목사님의 편지를 쭉 읽어보고, '지금 총회 준비는 한 교단이, 한 개인이 하고 있구나' 하는 생각이 들었습니다. 이런 총회는 빨리 수정되어야 합니다. 저는 WCC의 9차 총회 중 4개 총회에 참석하고 5개 총회를 문서로 봤는데, WCC는 모든 총회에 100퍼센트 자금을 내도록 되어 있습니다. 자기들 돈으로 진행하는 것입니다. 그런데 WCC가 한국 총회에 40억을 내라고 얘기한 모양인데, 한국 교회의 저력을 보여주어야 합니다만, 동시에 WCC도 많은 어려움에 처해 있다는 느낌이 들었습니다. 이러한 난관을 극복하고 이 역사적인 총회가 성공리에 개최되길 바라는 마음입니다. 그래야 강 목사님도 안심하실 것입니다. 지금도 굽어보실 텐데 잘 진행되어야 할 것입니다. 평신도의 참여, 여성의 참여, 청년의 참여, 노동자의 참여, 농부의 참여, 성직자의 참여를 통해 이번 부산 총회가 잘되기를 기원합니다.

다른 한 가지로는, 이런 게 있습니다. 요즈음 한국 교회는 대부분 교회 강단에 당회장 외엔 누구도 세우지 않으려는 경향이 있습니다. 하지만 강 목사님은 이미 그 당시에 부목사나 당회원도 강단에 올라가서 신앙고백을 할 수 있도록 하셨어요. 오늘날 우리도 이런 교회 운영 모습을 배워야 합니다.

이렇게 강 목사님은 항상 교회 갱신을 부르짖으셨습니다. 교회 갱신을 통해서만 기독교인이 사회에 나가 사회 개혁에 앞장설 수 있다고 보았습니다. 강 목사님은 "교회는 사회의 훨씬 높은 자리에 앉아 있다. 그래서 교회는 정치적인 세력보다 훨씬 높은 데에서 큰 목소리로 사회와 국가가 나아갈 방향을 제시해야 한다. 그것이 우리가 사는 세상에 하나님의 나라를 건설하는 것"이라고 말씀하셨습니다. 또 "율법에 얽매인 교회는 하나님에게 칭찬을 받지 못한다. 그렇기에 교회의 지속적인 자기 개혁이 중요하다"고 말씀하셨습니다. WCC 스태프로 1982년 2월부터 1983년 7월까지 1년 6개월 정도 강 목사님을 WCC 실행위원으로 모신 적이 있습니다. 목사님이 중앙위원 혹은 실행위원으로서, 우렁찬 목소리로 웅변하시는 것을 보았기에 저는 이렇게 말할 수 있습니다. 늘 세계 교회에 권고하는 목사님의 말씀은 우리 모두가 가야 할 길을 제시하는 것이었습니다. 목사님은 언제나 제3세계의 목소리를 들어야 한다고 말씀하셨지요.

여러분, 요즘은 제1세계와 제2세계, 제3세계라는 용어를 잘 쓰지 않지요? '선진국'과 '후발개발도상국'으로 구분하고 있어요. 그러니까 여러분도 제3세계니 제2세계니 제1세계니 하는 용어는 쓰지 않는 게 좋을 것입니다. 그러나 과거에는 제3세계가 있었고, 소련과 동구권을 중심으로 한 제2세계, 서구와 일본을 중심으로 한 제1세계가 있었기 때문에 목사님은 WCC가 어떤 결정이나 결의안을 내놓든, 거기에 제3세계의 목소리가 들어 있지 않으면 무효라고 하셨습니다. 목사님은 '사고는 글로벌하게, 행동은 현지화하여(thinking globally, acting locally)'라는 말씀을 설교에서 자주 하셨습니다. "세계를 우러러보아라. 세계가 어떻게 돌아가야 하는지를 알아야 한다. 그 프레임 속에서 자기가 속해 있는 교회의 갱신에 앞장서라"는 것이 목사님 말씀의 초점이었습니다.

제3세계 교회들의 대변자

WCC 회의가 있을 때마다 목사님은 제3세계 교회들의 대변자 역할을 하셨습니다. 이 과정에서 서구 교회 지도자들, 특히 당시 총무였던 필립 포터(Philip A. Potter)와는 애증의 관계였다고 보입니다. 필립 포터는 자메이카 출신인데 그의 부인은 영국 출신의 백인이라 늘 헷갈린다는 말씀을 저에게 하시곤 했습니다. 또 WCC의 5개 공용어(영어, 프랑스어, 스페인어, 러시아어, 독일어)가 모두 제3세계를 침략했던 경험이 있는 서구 국가들의 언어라 거부감이 든다는 말씀도 하셨습니다. 아시아와 아프리카, 남미, 중동 등 제3세계를 다스렸던 서구 식민지 모국의 언어로 제3세계 이야기를 할 수는 없지 않겠느냐는 것이었지요. 그래서 목사님은 WCC 중앙위원이나 회의에 참석한 사람들이 모두 통역을 데리고 와서 자기 나라 언어로 얘기할 수 있게 하자고 주장했습니다. 처음에는 굉장한 반대에 부딪혔지만 끝내 그 뜻을 관철했지요. 목사님은 영어를 할 줄 알면서도 한국에서 통역을 데리고 갔습니다. 어떤 때는 제가 통역을 했고, 또 어떤 때는 이삼열 박사가 맡아 했습니다. 그렇게 많은 사람들과 한국말로 이야기를 하면서 '자, 여기 한국말도 있다' 하고 보여주신 것이지요.

우리나라는 더 이상 후발개발도상국이 아닙니다. 1996년부터 OECD 국가에 들어갔으니 선진국으로 도약했다고 볼 수 있습니다. 또 10대 경제 강국 중의 하나니까 한국도 OECD 속에서 선진국 행세를 해도 좋다고들 요즈음엔 얘기합니다. 하지만 우리 사회에는 여전히 많은 문제가 도사리고 있고 부정부패가 만연합니다. 만약 목사님이 살아 계신다면 가난한 사람들, 억눌린 사람들, 소외된 사람들 편에 서서 그들을 대변했을 거란 생각이 듭니다.

교회 사명의 균형

교회의 예언자적인 역할과 제사장적인 직분(pastoral and prophetic mission)에 대해 말씀드리겠습니다. 강 목사님은 처음부터 제사장적인 직분과 예언자적인 사명이 서로 균형을 이루어야 한다고 생각하셨습니다. 교회는 세상의 어느 세력보다 위에 있다, 세상의 불의에 대해 과감하게 목소리를 높여야 한다. 그렇다고 사회참여가 지나쳐서 교회의 다른 직분인 제사장적인 선교를 소홀히 해서는 안 된다는 것이 교회에 대한 목사님의 견해였습니다.

그래서 "교회 사명의 균형 이론에 초점을 맞춘다. 교회의 예배 시간은 경건해야 하고, 1초의 지각도 용납되어서는 안 된다"고 하셨습니다. 또 길이 막혀 신부가 예식에 늦자 결혼식 주례를 하지 않으셨어요. 그런 고집은 인간의 약속이 하나님 앞에 얼마나 신의로 지켜져야 하는지를 우리에게 잘 보여줍니다. 강 목사님은 그것을 중요한 신의의 문제로 보았기 때문에, 인간이 시간을 지키지 않는다는 것은 하나님 앞에서 스스로 약속을 깨는 거라고 여기신 것이지요.

경동교회의 모든 주일 예배는 1시간 안에 끝나는데, 그 전통은 지금껏 잘 지켜지고 있습니다. 특히 경건하게 엄수되는 주일 예배는 외국인들에게도 참신한 충격을 주었습니다. 목사님의 20분 설교는 군더더기가 없어 모든 참석자들이 자연스럽게 신앙고백을 하도록 이끌었지요. 기복신앙, 샤머니즘에 기초한 신앙 행태는 단호히 거부하면서도 우리의 신앙 밑바닥에 깔려 있는 샤머니즘에 대해서는 계속 연구한 분입니다.

7, 80년대에 교회의 사회참여가 독재 정권에 항거하는 여러 프로그램으로 나타났을 때 목사님은 교회가 민주화에 적극 참여하되, 교회의 또 하나의 사명인 치유와 제사장적인 화해를 위한 소통을 잊지 말아야 한다고 강조했습니다. 이로 인해 일부 오해가 있었던 것도 사실이지만, 교회의 균형적 사회참여는 목사님의 신앙고백으로 깊은 뜻을 지니고 있음을 우리는 알아야 합니다. 이러한 균형잡힌 선교의 이해는 당연히 타 종교와의 대화로 나타납니다. 여러 종교가 서로의 신앙적 바탕을 인정하고 존중하면서도 대화를 통해

모든 국민이 원하는 평화통일, 민주화에 같은 목소리를 내고 종교 지도자들의 단결을 과시하는 데 많은 힘을 쏟았습니다. 목사님은 1965년에 이미 구체적으로 타 종교와의 대화를 시작하셨는데, 이는 세계 교회의 프로그램인 '다이얼로그 위드 아더 페이스(Dialogue with other faith)'와 궤를 같이하고 있었습니다.

사이에 서서, 사이를 넘어

앞에서 말한 대로 목사님은 한 나라와 한 사회의 건전한 발전은 합리적 보수와 이성적 진보가 매끄럽게 화합했을 때 가능하다고 보았습니다. 그것이 바로 민주주의가 잘 작동되는 선진국들의 본보기입니다. 그러나 우리의 경우에는 다수의 합리적 보수 세력과 다수의 이성적 진보 세력이 안타깝게도 소수의 완고한 보수, 이른바 꼴통 보수와 소수의 파괴적 진보 세력에 가려 침묵으로 일관되는 비정상적인 상황입니다. 이것이 선진국으로 도약할 수 있는 길을 막는다고 하면서 "새와 비행기가 두 날개로 날듯이, 이 두 개의 그룹, 즉 합리적 보수와 이성적 진보 세력이 같이 가야 한다"고 한국사회의 단절을 통탄하셨습니다. 그렇기 때문에 종교인들은 모두 통일을 가로막는 단절을 과감하게 극복하고, 이 두 세력의 합리적인 대화를 위해 다리 역할을 해야 한다고 말씀하셨습니다. 목사님이 말하는 '비트윈(between)'은 바로 여기에서 나옵니다. 합리적 보수와 이

성적 진보가 서로 통할 수 있도록 다리 역할을 하고 소통을 시켜라, 소통 후에는 거기에 머무르지 말라. 그다음에는 두 세력을 잡고 독수리처럼 양 날개를 펼쳐 제3의 길로 가라. 그래서 '비욘드(beyond)'라고 한 것입니다. 비욘드는 바로 지구상에 하나님의 나라를 건설하는 것이지요. 그래서 대화문화아카데미에서 '비트윈 앤 비욘드(between and beyond), 사이에 서서, 사이를 넘어서'라는 캐치프레이즈를 내걸고 있는 것으로 압니다. 이러한 뜻 깊은 신앙고백에 대해 한국 교회의 소수 근본주의자들은 'WCC는 종교다원주의자다'라고 하거나, 성적 소수자 문제 등을 들먹이며 여러 방면으로 모략하고 있습니다.

제가 한신대학교 학생들 앞에서 분명히 말씀드려야겠어요. 제네바 역사책을 보면 제네바에 다섯 개의 세계적인 국제기구가 있다고 합니다. 그 하나는 유엔(United Nations)입니다. 두 번째는 제네바가 자랑하는 국제기구로, 앙리 뒤낭(Jean Henri Dunant)이라는 사람이 만든 국제적십자(ICRC, International Committee of the Red Cross)입니다. 세 번째는 UN보다 훨씬 이전인 1919년에 생긴 국제노동기구(ILO, International Labour Organization)이고, 네 번째는 UN 총회가 생길 때 같이 만들어진 세계보건기구(WHO, World Health Organization)입니다. 마지막은 WCC인데, 스위스 사람들은 WCC를 우리 모두가 가야 할 길을 제시해주는 기구라고 말합니다. 700만 명에 달하는 스위스 사람들이 멍청하기 때문에 그렇게 말하는 걸까요? WCC를 두고 종교다원주의를 하는 교회 또는 성적 소수자를 포용하는 교회라고 말하는데, 사실 그런 적이 없습니다.

또 지금도 없습니다. 저는 7년 동안 우리 정부의 인권 대사로 일했기 때문에 지금도 많은 학생들에게 이야기합니다. 선천적인 게이나 레즈비언은 인간의 존엄성 측면에서 어떤 세계에서든 받아들여져야 합니다. 다만 후천적인 게이, 레즈비언 그리고 바이섹슈얼이나 트렌스젠더의 경우에는 전문의를 통해 진위 여부를 판단한다는 것이 서구에서 이야기하는 성적 소수 그룹에 대한 지침이거든요. WCC도 그것을 알고 있고, 한 번도 WCC가 공식적으로 성적 소수 그룹을 포용한다고 한 적이 없습니다. 그런데도 WCC가 그렇게 했다고 주장하는 겁니다. 또 WCC가 용공이라고 하는데, WCC의 349개 회원 교회 중에는 중국 교회도 있습니다. 그럼 중국 교회의 교인들은 전부 공산당입니까? 쿠바 교회는 어떻고요.

UN 회원국인 193개 나라 중에는 아직도 사회주의 국가가 많은데, 그렇다면 왜 UN에 대해서는 용공이라고 하지 않으면서 WCC는 용공이라고 얘기하는 겁니까? WCC에는 전 세계적으로 6억 명에 달하는 교인이 동참하고 있습니다. 1948년 8월 17일 암스테르담에서 만들어진 WCC에 전 세계 6억 인구, 132개국의 세계 교회가 들어가 있는데, 이것을 알지도 못하는 몇몇 사람들이 마치 WCC를 다 아는 것처럼 돌아다니면서 신문에 광고를 해요. 그런 데 쓸 돈이 있으면 가난한 사람들을 위해 쓸 것이지, 왜 그런 일을 하는지 모르겠어요. 한신대학교 학생들이 앞으로 해야 할 큰일이 바로 이런 겁니다. 사이비 지식이 옳은 줄 착각하면서 한국사회를 지배하고 있는 것에 대해 과감하게 노(No) 할 줄 알아야 합니다. 강 목사님은 전 세계 교회의 교인들 앞에서도 손들고 일어나서 마이크를 잡고 말했어요. 그런 용기가 지식인들에게 있어야 하지 않을까 생각해봅니다.

여성과 청년 그룹에 대한 통찰과 기대

여성과 청년에 대한 목사님의 생각을 잠깐 살펴보겠습니다. 목사님의 세계 교회 에큐메니컬 운동을 한국 교회에 접목시킨 또 다른 분야가 여성과 청년 분야였습니다. 이 분야는 60년대부터 세계 교회, UN을 비롯한 국제기구들이 도전한 분야입니다.

월남전이 1965년에 발발하면서 제2차 세계대전의 후유증이 채 아물기도 전에 세계는 또다시 전쟁의 물결에 휩싸입니다. 미국과 베트남 사이에 벌어진 약 10년간의 전쟁 내내, 세계는 '성난 젊은이(angry young man)'라는 상징어를 동반한 평화운동을 펼칩니다. 1967년 독일 학생운동의 리더였던 두치케를 중심으로 독일을 휩쓴 반전운동은 미국과 영국, 프랑스의 젊은이들에게 귀를 기울이게 합니다. 목사님도 설교를 할 때나 프로그램을 진행할 때마다 기성세대는 젊은이들의 부르짖음에 귀를 기울여 우리가 하나님에게서 부름받은 대로 평화와 화해의 사도로 거듭나야 한다고 주장했습니다. 목사님이 세운 평화 포럼이나 크리스찬아카데미 대화모임에서도 평화는 우리의 신앙고백이며, 한반도의 평화 정착이 우리 프로그램이 추구하는 최우선순위라고 했습니다.

> 한반도의 분단은 우리의 무지에도 원인이 있지만, 4대 강대국에게도 책임이 있다. 미국과 소련, 중국, 일본은 우리의 분단에 직간접적으로 책임이 있다. 그러나 그들을 나무라기보다는 그들의 도움 없이는 우리의 평화 정착이 불가능하다는 냉혹한 현실을 알아야 한다.

목사님은 여성의 권리, 여성의 잠재력 개발을 늘 우선순위에 놓았습니다. 여성은 남성보다 여러 면에서 우위에 있다며 여성 스스로 자신의 권리를 주장할 수 있어야 한다고 보았습니다. 우리가 잘 아는 UN의 새천년 발전 목표(MDG, Millenium Development Goal)의 여덟 번째 중 세 번째가 여성의 권리 및 지위에 관한 것입니다. UN이 회원 국가들에게 이를 실천하도록 권장하는 것에서 우리는 목사님 말씀을 읽을 수 있습니다. 인간이 천 년 동안 개발해야 할 천 년 개발 목표를 우리도 추진해야 합니다. 목사님은 여성의 잠재력 개발을 한 세대 먼저 통찰하신 셈입니다. 올해 10월에 개최되는 WCC 제10차 총회에서 같은 목소리가 나오길 기대합니다.

모두에서 말씀드렸듯이, 주어진 시간 50분 안에 발표를 마쳤으니 많은 이야기가 생략되어 있을 수밖에 없습니다. 목사님을 모셨던 공간과 시간도 한정되었으니 이 발표 원고는 미완성입니다. 여기에서 빠진 목사님의 세계와 한국에 대한 공헌을 다른 분들이 더

보태서 완성하셔야 합니다. 그렇게 해야 비로소 완성될 것입니다. 목사님의 모교 한신대학교에 와서 이렇게 발표를 하게 된 것은 역사에 남을 일이며, 저에게는 크나큰 영광입니다. 한신의 무궁무진한 발전을 기원합니다.

또 하나의 글

다음 글은 2006년 8월 31일에, 지금은 소천하신 하용조 목사님의 부탁을 받아 쓴 것으로, 2006년 8월 17일 소천하신 강원용 목사님에 대한 추모의 단상입니다. 온누리교회의 『빛과 소금』 2006년 9월호와 경동교회에서 발간하는 『경동회보』에 실린 바 있음을 밝혀두면서 빨리 읽어나가도록 하겠습니다. 저는 그때 대한민국 인권대사로 일하고 있었습니다.

강 목사님이 소천하신 지 2주일이 넘었는데도 나는 문득문득 목사님의 전화가 오려니 하는 착각에 사로잡혀 산다. 50년을 내가 모신 셈이다. 대학교를 서울로 오게 되면서이다. 1957년 대학 1학년 때 목사님을 알게 되었다. 나는 원래 전라남도 순천 승주교회에서 유년 시절의 신앙생활을 시작했다. 일제시대부터 어머니의 손을 잡고 일본 찬송가를 부르면서이다. 나덕환 목사님으로부터 학습과 세례를 받았다. 중학교를 광주서중으로 옮기면서 백영흠 목사님에게서 신앙 훈련을 받고 대학을 서울로 왔는데 백 목사님께서 나와 친구들을 강원용 목사님께 집단으로 떠맡기셨다. 지금도 그때의 친구들과 같이 경동교회에 나오고 있다. 그러니 예장의 내가 기장의 목사님과 인연을 맺은 셈이다. 하긴 그때는 예장, 기장이 갈라지기 전이니 말이다. 이런 연유로 목사님의 초교파 운동에 처음부터 길들여졌고, 스위스 제네바 소재 WCC 18년간의 봉직도 초교파 운동을 더욱 공고하게 했음이리라. 강원용 목사님의 추천(한경직, 김관석, 박형규 목사님도 함께 추천)으로 WCC 스위스 생활을 했으니 나의 초교파 운동의 시초는 나덕환, 백영흠, 강원용 목사님이 후원하셨다고 믿고 있다.

내가 강 목사님을 근거리에서 뵙기는 1960년 4·19혁명 직후였다. 내가 책임 맡고 있었던 한국학생사회학회 주최의 '4·19혁명 이후 한국사회의 미래'에 대한 강연회에서 당시 최문환 사회학과장님의 인사말 그리고 나의 취지 설명에 이어 강 목사님이 첫 번째 연사로 강연하시면서이다. 강연은 함석헌, 이동원, 신상초 선생님으로 이어졌는데 목사님은 "나는 지금 급히 방송국으로 가야 한다. 내 둘째 아들 대영이가 세상을 떠났는데 자식 잃은 아버지의 슬픔에 대해 대담을 하러 가야 한다"고 하시며, 나더러 한번 들르라는 말씀을 남기고 문리대 교정을 황급히 떠나셨다. 그 후 해병대 장교로 복무하고 4년 후에 경동교회로 찾아뵈었더니 신문기자보다 크리스찬아카데미 운동이 한국사회에 더욱 의미가 있다고 타이르시는 것이다. 이것이 인연이 되어 1965년 5월부터 나는 목사님을 모시고 아카데미 운동에 헌신하게 되었다. 그분에게서 세계를 배웠고, 참 평화를 배웠고, 신앙에 기초한 사회운동이 무엇인지 배우면서 오늘의 내가 되었다. 그분이 아니었으면 오늘의 나는 없었을 것이라고 믿고 있다. 그래서 사람들은 나를 목사님의 양아들이라고들 한다.

1978년 8월부터 아카데미가 추진하는 프로그램에 당국의 감시와 압력이 왔다. 1978년 8월 월간 『대화』는 폐간당했다. 노동자, 농민들의 수기를 실은 게 문제가 되었다. 『대화』의 사회 비판을 문제 삼은 것이다. 원장인 강원용 목사님 그리고 부원장인 내가 아무리 수습하려 해도 1979년 4월부터의 크리스챤아카데미 반공법 25조 사건은 사전에 잘 계획된 독재 정권의 음모로, 필연적이었다고 생각하며 지금도 나는 이 사건을 우리가 독재에 항거한 여러 사건 가운데 하나로 크게 자부하고 있다.

이 사건은 목사님에게 큰 고초를 안겨드렸다. 남산 정보부 지하실에서 곤욕을 치르시게 한 것을 지금도 죄송스럽게 생각한다. 그 후 나 역시 끌려가보니 옆방에서 우리 직원들, 교육생들이 고문당하는 소리가 끔찍했다. 목사님께서 이 사건은 원장과 부원장의 책임이었다고 항변하신 흔적을 보면서, 또 당신에게 모든 책임이 있다고 증언하신 기록을 보면서 그곳 지하실에서 목사님을 더욱 존경하게 되었다. 돌아가시는 날까지 이러한 고초를 훈장처럼 자랑하지도 않았으며, 이는 역사 발전에 있을 수 있는 일이라고 말씀하시곤 해서, 민주화 투쟁을 훈장처럼 내세우는 오늘의 값싼 현실을 성찰하게 만드셨다. 나는 목사님을 통해서 개인이나 단체가 담담하게 치러가는 이러한 고초가 역사 발전을 위한 자연스러운 사회참여라는 것도 알게 되었다.

크리스찬아카데미 사건 후 나는 한국에서 살 수 없어서 스위스 제네바로 떠났다. 목사님이 중앙위원이자 실행위원이라 나를 강력히 추천하여 14대1의 경쟁을 뚫고 WCC 아시아 국장에 임명되었다. 목사님은 WCC라는 국제기구에서 아시아를 위해서 싸우셨다. 영어, 프랑스어, 독일어, 러시아어, 스페인어 5가지 언어가 WCC 공용어인데, 이 언어들은 식민 통치를 했던 국가들의 언어라고 하시면서 중앙위원 누구나 WCC 회의에서 자국어를 쓰도록 해야 한다고 설파하셨다. 오늘날 본인이 통역을 대동하는 조건으로 WCC에서 자국어를 사용할 수 있게 되어 있는 것은 그분 덕일 것이다. 목사님은 14년이라는 긴 시간 동안 WCC 중앙위원, 실행위원으로서 아시아를 비롯한 제3세계의 대변자 역할을 훌륭히 수행하셨기에 4백 명의 직원뿐만 아니라 제3세계 교회들에게 큰 박수를 받으셨다.

1965년 11월 16일 수유리 아카데미하우스가 이양구와 최태섭 등, 당시 이사님들이 기증한 수유리 땅 위에 독일 정부 및 교회의 원조를 받아 준공되었다. 15일 밤 갑자기 물이 나오질 않았다. 다음 날 준공식에 오실 손님도 많은데 물탱크에 물이 없으니 어찌할까, 실로 아찔했다. 그때 목사님께서 경동교회의 황영시 장로님을 나에게 소개하셨다. 당시 황 장군님은 수경사 참모장으로 계셔서 긴급으로 군을 동원해 물 문제를 해결했던 기억이 난다. 위기에 처했을 때의 기지는 우리 모두 목사님에게 배워야 한다. 1970년 11월 16일 수원 사회교육원 준공식을 무사히 치렀는데, 미술품과 TV, 오디오, 선풍기 등 기증된 물품을 몽땅 도둑맞았다. 목사님은 담담한 어조로, 못 사는 이웃들이 요긴하게 쓸 테니 기증한 셈 치자고 말씀하시는 대범함을 보이셨다.

나는 18년간의 긴 제네바 생활을 마치고 2000년 1월 1일 귀국했다. 목사님은 자나 깨나 민족의 문제를 생각하셨다. "6자 회담은 꼭 성공해야 한다. 그러나 우리 모두는 4개의 강대국인 미, 소, 중, 일이 우리 분단에 책임이 있는 나라들임을 알아야 한다. 그러나 한편 그들의 도움 없이는 우리의 문제가 해결되지 않는다는 사실도 알고 있기에, 조심스럽게 남북 공조를 이끌어내면서 4개국의 축복도 동시에 얻어야 하는 2중의 어려움이 있음을 늘 가르쳐주셨다. 이 가르침은 오늘의 내가 인권 대사로서 업무를 수행하는 데, 특히 북한의 인권 문제를 다루는 데 지침이 되고 있음을 고백한다.

1994년의 일이다. 목사님은 북에 계신 하나밖에 없는 누님을 그렇게 만나고 싶어하셨다. 당시는 내가 북에 출장을 자주 갈 때라 북측에 얘기하여 조카가 대필해준 누님의 편지를 목사님께 전달하였다. 편지를 받으신 목사님은 서럽게 우셨다. 그런 모습은 뵌 적이 없다. 그사이 목사님의 누님도 돌아가셨다. 그렇게 그리던 북녘의 누님과, 여덟 살에 죽은 둘째, 그래서 가슴에 묻어두고 사셨던 대영이까지 목사님께서는 하늘나라에서 지금 즐겁게 해후하고 계실 것이다.

떠나시기 10일 전에 나, 한명숙 전 총리, 그리고 신인령 전 이화여대 총장 등이 목사님을 모시고 함께 저녁 식사를 했다. 8월 5일 플라자 호텔의 중국 식당으로 목사님께서 소집한 만찬이었다. 아카데미 당시 노동사회부장이었던 신인령 총장이 4년 동안의 대학 총장 생활을 마친 기념으로 목사님이 직접 주선하신 축하연이었다. 지금 생각하면 소천하시기 전에 가졌던 마지막 만찬이었다. 그날 목사님과의 대화 내용을 돌이켜보면, 목사님은 결국 구십 평생을 현실에 안주하지 않고 늘 새로운 것을 추구하며 끊임없이 도전하는 삶을 살다 가신 분이라 다시금 확신하게 된다. 대화 내용은 이 글의 말미에 적겠다.

1974년부터 1979년 말까지 그토록 신명 나게 탐닉하셨던 크리스찬아카데미 중간집단 교육도 깊은 고민과 철학에서 계획하신 것이다. 개혁을 추구하며 독재에 항거한 세력이 성공하면 이 개혁 세력이 다시 독재 세력이 되어 그들 나름의 아집을 갖게 되므로 이를 타파하고 부정하며 그들을 감시할 수 있는 중간집단이 필요하다는 신앙고백이 밑바닥에 깔려 있어서 시작된 프로그램이다. 50대에 『호랑이와 뱀 사이에서』라는 책에서 갈파하셨듯이 목사님은 비둘기 같은 순수함과 뱀처럼 날카롭고 뛰어난 예지를 늘 주장하셨다.

참된 민주화를 그렸고, 또 민주화란 미명하에 다시 고착되는 또 하나의 아집을 끊임없이 부정하며 새로운 것을 추구하는 변증법적 발전 원칙을 제시하셨다. 목사님의 '비트윈 앤 비욘드' 사상은 대화를 통해 극우와 극좌의 공통점을 찾게 하고, 이로써 새로운 제3의 세계를 그리는 과정으로 나아갔다. 어쩌면 헤겔의 변증법 역사 발전

원칙이라 보일 수도 있지만 그의 사상은 대화라는, 또는 자신과 다른 남을 다시 껴안아보고 그 속에서 참 존재를 찾아 같이 고민하고 새로운 것을 모색하는 기독교적 사랑의 신앙고백이 있기에 훨씬 폭이 넓다 하겠다. 이 사상은 보이는 것과 보이지 않는 것에서, 형이상학과 형이하학의 사이에서, 육체와 정신의 관계에서 다 같이 적용되리라.

목사님은 일생 합리적 보수와 이성적 진보가 대화를 통해 새로운 제3을 추구한다고 믿었고, 이를 실천하셨다. 그래서 양쪽으로부터 오해를 받곤 했지만 끝까지 굴하지 않았다. 나도 아카데미 사건에서 종종 "원장님, 우리 좀더 과격하게 나갑시다" 하는 젊은 혈기를 내세웠지만, 오늘의 임무 수행에서 당시의 목사님이 지금의 나라는 것을 고백한다. 4·19 직후 문리대 대강당에 모인 20대의 주역인 우리들 2천 명 앞에서 "학생들은 부정부패를 거부하고 독재 정권을 거부한 거룩한 민주 세력의 교두보임엔 틀림없다. 하지만 다시는 데모가 모든 것을 해결해준다는 착각, 즉 데모크레이지(Demo crazy)하지 말라. 우리 모두는 창조주 앞에 겸손히 엎드려 자신을 꾸준히 성찰할 줄 아는 성숙한 젊은이가 되어야 한다"고 갈파하여 젊은 학생들에게 뜨거운 박수를 받았다. 이렇듯 우리들 가슴에 깊이 새겨진 강원용 목사님을 그리면서, 오늘의 한국 현실이 그를 다시 필요로 한다는 사실을 고백한다.

앞서 말했던, 8월 5일 저녁 6시 30분부터 9시 30분까지 이어진 3시간 동안의 저녁 식사는 우리가 목사님을 모시고 이 세상에서 한

마지막 고별 만찬이었다.

"명숙아, 총리 자리에 안주하지 말고, 국민들이 왜 나를 지금 이 자리에 앉혔는지를 생각해라. 그리고 평화와 정의에 위배되는 일, 부정, 그리고 거짓을 도저히 고치기 어렵겠다고 느껴지면 박차고 나오는 용기를 가져라."

"인령이는 지난 4년간 이화대학 총장 하면서 고생이 많았다. 개혁을 하기가 쉽지 않았지? 그래도 그만큼 성공했으니, 참 큰일 했다. 몸을 늘 추스르고 건강해야지. 일 년 안식년이면 가평에 와서 쉬어라."

"경서, 남북 문제가 고착되어가고 있다. 굶어죽는 사람들에게 자유권은 무슨…… 우선 북녘 사람들의 생존권을 해결해놓고 나서 자유권을 논해야 하지 않나? 아무런 효과 없는 미사일 발사는 이제 약효가 없는데 내가 김정일을 만날 수 있게 주선해봐라."

목사님은 가셨다. 마지막을 살폈던 의사들이, 목사님은 당신의 모든 장기를 100퍼센트 소진하고 떠나셨다고 말했다. 일생 휴가 한 번 보내지 않은 분, 단 30분의 빈 시간도 못 참는 분, 그리고 또 다음 일을 추진하셨던 분, 가난하게 자랐지만 금전을 초월하셨던 목사님. 그는 분명 우리 곁을 떠나 멀리 하늘나라로 가셨다. 목사님 이제 휴가를 보내십시오.

그런데 지금도 "박경서…… 오늘 저녁 시간 있지?" 하는 전화를 기다리고 있으니, 왜 나는 이 착각에서 헤어나질 못할까?

이제 저의 두서없는 이야기를 마치려고 합니다. 여러분은 전 세계, 또 국내 어느 대학보다 한신대에 다니는 것에 굉장한 자부심을 가져야 합니다. 지금도 기억이 납니다만, 유신 때 여러분 선배들 수백 명이 한신대 그 넓은 운동장에서 구보를 한 적이 있어요. 서울에 있는 모든 대학교 학생들을 각성시킨 거예요. 물론 여러분도 그렇게 하라는 건 아닙니다. 하지만 저는 여러분이 한국사회가 가야 할 길을 제시해야 한다고 생각합니다. 신학에서도 제시하지 않으면 누가 하겠습니까. 더 늦기 전에 해야겠다는 긴박감을 가지라고 여러분께 호소합니다. 어느 대학에서도 만들어낼 수 없는 것을 이 대학, 특히 신학과에서 만들었습니다. 한국 역사가 잘못 나아갔을 때 그것을 바로잡은 분들이 전부 여러분의 선배임을, 오늘 강원용 목사님을 그리는 이 자리에서 다시 한번 강조하며 제 이야기를 끝내겠습니다.

여해 강원용 목사와
아시아 교회의 에큐메니컬 운동

안재웅
한국 YMCA 전국연맹 이사장

1940년 충북 보은 출생. 숭실대와 하버드 대학 신학대학원(M.Div)을 졸업했으며, 장신대 대학원과 미국 에모리 대학 신학대학원에서 공부했다. 미국 매리홈스 대학 명예인문학박사와 인도 세람포 대학 명예신학박사 학위를 받았다.
한국기독학생회총연맹(KSCF) 총무와 한국기독교사회문제연구원 원장을 역임했고, 홍콩에 주재하면서 세계학생기독교연맹(WSCF) 아시아태평양 지역 총무와 아시아기독교협의회(CCA) 총무, 함께일하는재단 상임이사로 일했으며 호서대 연합신학전문대학원 초빙교수를 지냈다. 지금은 사회적 기업 1호 다솜이재단 이사장과 한국 YMCA 전국연맹 이사장, 재단법인 씨알 이사장으로 활약하고 있다. 또 호서대 초빙교수로 「에큐메닉스」「아시아 교회와 선교」「비교종교론」「한국 교회와 사회」 등의 과목을 맡아 강의하고 있다.
주요 저서로 『바른 선교를 위한 제언』『에큐메니컬 운동 이해』『God Who Matters』『God in Our Midst』 등이 있다.

오늘 저에게 강원용 목사님에 대해 이런저런 이야기를 할 수 있는 기회가 주어졌습니다. 그동안은 강 목사님을 멀찌감치서 따라다니기만 했지, 목사님에 대해 증언할 기회가 별로 없었습니다. 왜냐하면 강 목사님은 기장에 속했고 경동교회를 맡고 있었으며 아카데미 활동을 하셨습니다. 그래서 강 목사님의 직계가 아주 많습니다. 반면에 저는 방계 중의 방계이고, 한국기독학생회총연맹이나 아시아기독교협의회(CCA, Christian Conference of Asia) 일도 했지만 중심부 사람으로는 전혀 꼽히지도 않고 계산도 안 되는 사람입니다.

오늘 한신대에서 경동교회와 더불어 이 귀한 시간을 마련해주신 데 대해 먼저 감사를 드립니다. 제가 할 이야기는 아시아 교회, 강원용 목사님, 그리고 에큐메니컬 운동, 이 세 꼭지에 대한 것입니다. 한신대는 기라성 같은 인물을 배출한 학교입니다. 그중에서도 걸출한 강원용이라는 목사님을 배출했지요. 강 목사님은 온 세계를 누비며 활약한 분인데, 과연 그분이 활동했던 아시아 교회는 어떤 곳일까요?

아시아 교회의 출발

많은 학자들은 아시아 교회가 예수의 제자 가운데 한 사람인 도마(Thomas)로부터 시작되었다고 말합니다. 52년에 도마가 인도의 말라바 해협 근처에 있는 케랄라 지방으로 왔다는 것이지요. 그때부터 서서히 예수의 복음을 전파하게 된 것입니다.

당시 인도에는 군다포루스(Gundaphorus)라는 왕이 있었습니다. 왕이 듣자 하니 도마라는 사람이 복음을 증거한다는데 상당히 성공적이라는 거였습니다. 그래서 군다포루스는 도마에게 큰돈을 희사합니다. 왕에게 큰돈을 받은 도마는 복음을 증거하는 데 돈을 쓸 것인지, 아니면 가난한 사람들에게 돈을 나누어줄 것인지를 놓고 고민하기 시작합니다. 결국 도마는 복음도 중요하지만 가난한 사람들에게 돈을 주는 게 더 좋겠다고 생각해서 그들에게 돈을 나누어줍니다. 그 말을 들은 군다포루스는 화가 났습니다. 그래서 도마를 감옥에 가두었습니다. 감옥에 간 도마는 기도를 많이 했겠지요.

그런데 때마침 군다포루스의 동생이 꿈을 꿉니다. 형님의 왕국이 천국에 번듯하게 지어져 있는 꿈이었습니다. 동생은 '아, 이게 도마와 관계된 꿈이구나' 해서 다음 날 형님을 찾아가서 도마를 풀어주라고 말합니다. 군다포루스는 그 말을 듣고 당장 도마를 풀어주고, 또 마음대로 선교할 수 있도록 모든 것을 지원하지요. 그렇게 해서 도마가 7개의 교회를 케랄라 지방에 세웠다는 것입니다. 이후 도마는 케랄라 지역부터 마두라스까지 올라가서, 그곳에서 복음을 증거하다가 순교를 당합니다. 도마를 기념하는 순교 예배당이 지금도 마두라스 동산 언덕에 있습니다.

물론 이것은 전설처럼 전해 내려오는 이야기입니다. 역사책에 기록되어 있는 이야기가 아닙니다. 하지만 유물이 발굴되면서 그의 이야기가 밝혀졌고, 그로부터 도마가 시작한 교회를 '성 도마(Mar Thoma) 교회'라고 부르게 되었습니다. 52년에 생긴 성 도마 교회는 시간이 지나면서 서서히 부흥이 되었고, 182~187년 무렵에는 제법 많이 늘어났습니다. 지금 성 도마 교회는 WCC의 회원 교회입니다. 또 제가 일했던 CCA의 회원 교회이기도 하지요.

그런데 325년에 여러분이 잘 아는 니케아 종교회의가 열립니다. 에큐메니컬 운동에서 가장 중요한 회의지요. 당시 에큐메니컬 운동 회의를 하게 된 것은 국가와 교회의 관계를 단독 교구로는 해결하기 어려웠기 때문입니다. 예를 들어 예루살렘 교구, 안디옥 교구, 알렉산드리아 교구, 콘스탄티노플 교구, 로마 교구 등 5개 교구가 이미 형성되어 돌아가고 있었습니다. 하지만 교구에서 자체적으로 해결할 수 있는 교리의 문제 외에도 교회와 정치에 대한 문제, 교회와 국가 간의 문제도 있고 해서 에큐메니컬 운동으로 모이지 않고는 해결할 수 없었던 거예요. 그래서 제1차로 325년 니케아에서 모인 것입니다. 이때 성 도마 교회를 대표하는 존(John)이라는 주교가 참석했습니다. 그러니까 52년에 생긴 교회가 점점 자라서, 거기에서 주교가 나오고 그 주교가 니케아 종교회의까지 간 것이지요.

635년에는 당나라 때 경교(景教), 네스토리안(Nestorian) 교회가 소개되었습니다. 그런데 1625년에 비석이 하나 발견되었어요. 그 비석을 보니까 635년에 경교가 당나라에 들어왔다는 내용이 써 있었습니다. 하지만 아시아 교회는 대부분 서방 선교사들에 의해 시작되었습니다. 서방 선교사가 개신교 교회를 처음으로 아시아에 소개한 것이 1793년 인도에서입니다. 다시 말해 성 도마 교회도, 또 서방 개신교 선교사들이 처음 찾아와 교회를 세운 것도 1793년 인도에서 이루어졌다는 것이지요. 당시에는 가장 똑똑한 사람을 중국과 인도에 선교사로 보냈습니다. 두 번째로 똑똑한 사람은 일본으로 보냈고요. 그다음은 알아서 가라, 이렇게 된 것입니다. 그래서 1793년 인도에서부터 1911년 캄보디아에 이르기까지 여러 교파의 서방 교회가 아시아로 선교사를 보내 교회와 병원, 학교를 비롯해 봉사 시설을 세웠습니다.

세계 교회 속에서의 아시아 교회의 기개

그런데 문제가 되는 것이 하나 있습니다. 그럼 서방 선교사들이 들어오기 전엔 아시아에 그리스도와 기독교에 대한 이해가 없었느냐, 또 그리스도는 꼭 선교사에 의해서만 소개되었느냐 하는 것입니다.

CCA의 초대 총무를 지낸 D. T. 나일스(D. T. Niles)라는 분이 있습니다. 나일스는 서방 선교사들이 기독교를 들여오기 전에 이미 그리스도가 아시아 역사와 더불어 아시아인의 내면에 들어와 있었다고 주장합니다. 이는 아주 중요한 정체성의 문제입니다. 물론 서방 사람들이 소개는 했지만 그리스도는 이미 아시아 역사 가운데, 아시아인의 심성 속에 있었다는 것입니다. 이와 같은 정체성이 아시아인으로 하여금 번듯한 아시아 기독교인이 되도록 합니다. 아시아에 와서 세운 교회를 서방 사람들은 영거처치(younger church), 피선교국 교회라고 얘기했습니다. 우리는 머더처치(mother church)이고 저쪽은 영거처치이다, 이렇게 생각하며 선교사들이 경쟁적으로 선교지에 가서 활동을 한 것입니다.

그런데 막상 가서 해보니까 문제가 많이 생겼어요. 그래서 선교사를 보내는 교회와 선교 단체들이 여러 차례 협의를 하다가 우리가 세계 대회를 번듯하게 열어서 문제를 해결해보자 했고, 1910년 에든버러에서 세계선교대회(World Missionary Conference)를 개최하게 된 것입니다. 1,200명의 대표가 모였고, 그 가운데 17명은 피선교국에서 왔습니다. 그들은 모두 아시아에서 왔지요. 인도, 중국, 일본, 그리고 우리 한국도 참석했습니다. 우리나라 대표로는 윤치호 선생이 갔습니다.

윤치호 선생은 감리교 신자로, 당시 미국에서 공부를 하던 유학생이었습니다. 미국 남감리교 대표단의 일원으로 뽑혀서 미국 대표단의 한 사람으로 에든버러 회의에 간 것입니다. 이것이 1910년의 일입니다. 한국에서 에큐메니컬 운동을 할 때 제일 먼저 연락한 사람이 바로 그분입니다.

그런데 여기서 큰일이 생겼습니다. 17명 외에는 전부 유럽과 미국을 중심으로 한 백인 지도자들이었습니다. 대표적인 인물로는 존 알 모트(John R. Mott) 같은 사람이 있습니다. 그렇게 엄청난 인물들이 에든버러 회의에 왔으니, 그 자리에 있던 17명의 동양인이 기가 죽었을 것 아닙니까. 그러나 보십시오. 결코 기죽지 않았습니다. 아자리아(V. S. Azariah)라는 인도의 성직자—훗날 감독(Bishop)이 되었지요—는 발언권을 얻어서 이렇게 말했습니다.

"여러분이 보낸 선교사가 현지에서 어떻게 하고 있는지 아십니까? 당신들은 주인이고, 우리는 종노릇을 하고 있습니다."

그리스도의 복음에 의하면 모두가 형제자매인데, 당신들은 주인노릇하고 우리는 종노릇하고 있는 게 현실이다. 그러니까 선교사들은 이제부터 형제자매의 파트너가 되어야 한다고 강력하게 말했던 것입니다. 이쯤 되면 우리의 선배들이 얼마나 기개 있고 당당했던가를 미루어 짐작할 수 있을 것입니다.

또 윤치호 선생은 재정 문제를 이야기했습니다. 선교사가 현지에 와서 자금을 쓸 때는 현지인과 협의해라, 우리는 너희가 얼마를 갖고 와서 어떻게 쓰는지 모른다, 그러니까 선교를 하려면 우리와 협력해서 현지인과 함께 해야 한다고 말했던 것입니다.

윤치호 선생으로부터 시작된 한국인의 에큐메니컬 운동은 1922년 북경에서 세계학생기독교연맹(World Student Christian Federation) 세계대회가 열리고 신흥우, 이상재, 김활란, 김필례, 이대위 같은 어른들이 한국을 대표해 참석하는 것으로 이어졌습니다. 1928년 국제선교협의회(International Missionary Council)에서는 예루살렘 국제대회를 열었고, 이 대회에는 정인과, 양주삼, 신흥우, 김활란 같은 어른들이 참석했습니다. 그리고 여러분이 잘 아시는 바와 같이 1948년에는 WCC가 암스테르담에서 창설됩니다. 여기에는 당시 NCC 총무였던 장로교회의 김관식 목사님과 청년 대표로 엄요섭 선생이 참석합니다. 엄요섭이란 분은 후에 목사가 되고 에티오피아 대사까지 지냈습니다. 이런 분들이 후속으로 에큐메니컬 운동에 들어섰던 것입니다. 그러니까 WCC에 가입하기 전까지 윤치호 선생부터 시작해 북경 대회에 참석한 분들, 예루살렘 대회에 참석한 분들, WCC 암스테르담 창립 총회에 참석한 분들 등, 이 네 범주의 인물들이 우리의 에큐메니컬 운동을 도모했던 분들입니다.

아시아 교회, 한국 교회 지도자들의 리더십

그로부터 아시아 교회가 점점 늘어나게 됩니다. 제네바에 본부를 둔 WCC가 여러 방법으로 사람들을 모아서 협의를 한 것입니다. 아시아에서도 대표를 보내 제네바에도 가고, 유럽에도 가서 협의를 했습니다. 하지만 협의가 서방 세계 위주로 이루어지자, 우리 나름대로 협의체를 하나 만들자는 의견이 나왔지요. 그렇게 해서 만든 것이 이른바 동아시아기독교협의회(EACC)입니다. 후에 이것이 CCA로 변합니다만, 1957년 인도네시아 프라팟에 모여 창립 준비를 하게 됩니다. 이때 인도네시아 수카르노 전 대통령이 CCA 창립총회 준비 모임에 나타났어요. 독일로 말하자면 '교회의 날' 같은 큰 행사에 끼어 CCA 창립총회를 준비했는데, 수카르노 전 대통령이 나타난 것이지요. 수카르노 전 대통령은 고통 로용(Gotong Royong, 인도네시아어로 '협동'이란 뜻)이야말로 아시아가 살아나갈 수 있는 길이라고 역설했고, 그것은 사회적으로 큰 반향을 불러일으켰습니다. 그로부터 2년 후에 CCA가 만들어졌습니다.

그런데 그 두 해 전인 1955년에는 인도네시아 반둥에서 아시아 아프리카회의(Afro-Asian Conference)가 열린 바 있습니다. 어 반둥 회의에서는 비동맹 국가라는 기구가 만들어졌는데, 동서 냉전 시대에 미국이나 소련 편을 들고 싶지 않은 신생 국가의 지도자들이 한곳에 모인 것입니다. 수카르노는 중국의 주은래, 인도의 네루, 이집트의 나세르 등을 모아 그들과 의견을 나눕니다. 미국 편에도 줄 서지 않고, 소련 편에도 줄 서지 않고 우리끼리 협의하면서 살자고 했지요. 이것이 바로 비동맹입니다. 비동맹은 제2차 세계대전 이후 미국과 소련으로 양극화된 냉전 체제에서 어느 한 진영에 속하지 않고 독자적인 입장에서 자기 나라의 이익에 충실하려는 외교 방침을 말합니다. 제3세계라는 말도 이때부터 나오기 시작했어요.

이렇게 CCA는 1955년에 열린 반둥 회의의 영향을 받았고, 1957년과 1959년을 거치는 동안 성장하게 된 것입니다. 1961년 CCA는 WCC 제3차 총회가 뉴델리에서 개최되도록 합니다. 사실 그때까지는 WCC가 백인 위주로 이루어지지 않았습니까. 그런데 네덜란드의 암스테르담, 미국의 에반스톤에 이어 세 번째 총회를 아시아 교회로 끌어온 것입니다. 당시 아시아 교회의 지도자들이 얼마나 당당했으면 여론을 조성하여 총회 개최를 끌어왔겠습니까.

WCC 제3차 총회에 참석한 한국 대표로는 당시 NCC 총무였던 길진경 목사, 감리교의 김광우 목사, 예장의 김길창 목사 등이 있습니다. 그리고 평신자 여자 대표로는 김활란 박사, 기장 대표로는 강원용 목사가 참석합니다. 이때 청년 대표들도 데려가는데 박상증, 강문규, 오재식, 손명걸 등이 바로 그분들이지요.

자 여러분, 우리 선배 지도자들의 리더십이 어떤가 보십시오. 요즘 같으면 다들 저희만 간다고 할 텐데, 그때 교단 대표들은 청년 대표들을 데려갔습니다. 그 청년 대표들이 여러분이 익히 들어 알 만한 훌륭한 에큐메니컬 리더가 된 것입니다. 그분들은 요새도 당시 뉴델리 대회의 엄청난 경험을 이야기합니다.

이번 제10차 총회를 부산에서 개최한다고 합니다. 하지만 그 모습을 보면 잔뜩 뒤틀릴 대로 뒤틀려 있습니다. 이게 뭡니까. 이런 게 다 리더십에서 나옵니다. 스스로 세계 교회를 향해 당당히 나아갈 뿐만 아니라 청년들도 데리고 가서 훌륭한 리더로 반듯하게 다듬어냈던 우리의 역사를 되새겨보아야 합니다.

당시 CCA의 총무는 스리랑카 타밀족 사람인 D. T. 나일스였습니다. 사무실이 곧 그의 집이었지요. 그리고 부총무는 미얀마의 우 초탄으로 방콕에 사무실을 두고 일했고, 뉴질랜드의 알란 브래쉬(Alan A. Brash)는 사회봉사 분야에서 일했습니다. 이 세 사람이 풀타임으로 하루 종일 일했고, 이들을 중심으로 능력 있는 파트타임 스태프가 함께 활동했지요. 어차피 총무와 부총무만으로는 아시아 전체를 커버할 수가 없고, 세 사람도 각각 자기 나라에서 일하는 만큼 파트타임으로 일할 수 있는 전문 스태프도 그 나라에서 보강하자고 했습니다. 그렇게 해서 강원용 목사님이 파트타임 스태프가 된 것입니다.

강 목사님은 경동교회에서 일하면서 교회와 사회 분야에서 하프타임 스태프로 활동하셨어요. 또 일본에서는 이사카라는 교수가, 인도에서는 M. M. 토마스가 하프타임 스태프로 활동했습니다. 그러니까 에큐메니컬 운동의 실무자라고 할까, 프로페셔널 스태프의 시작은 강원용 목사님에서 비롯된 거예요. 당시 강 목사님이 하시던 기독학생운동이 배경이었고, 그것이 WSCF(World Student Christian Federation, 세계학생기독교연맹)로 이어졌으며, 아르헨티나 대회에 가서 '크리스천의 학문 사회에서의 증언' 같은 이야기를 가지고 돌아와서 한국에 전하고, 또 강문규 선생을 WSCF의 스태프로 임명한 것입니다. 그러니까 강 목사님은 기독학생운동이라는 배경을 목회에 접목했고, 그것을 에큐메니컬 운동으로 다시 확산시켜나가는 데 중요한 역할을 했지요.

에큐메니컬 운동은 지도력이다

뉴델리에 갔던 청년 강문규는 WSCF의 아시아 총무가 되어 제네바로 떠나고, 박상증 목사님은 NCC 청년국에서 일하다 WCC 청년국에 소속되어 제네바로 떠났습니다. 얼마 후에는 오재식 선생이 CCA 도시산업 선교를 책임지고 도쿄로 떠났고요. 또 손명걸 목사는 미국으로 가서 미연합감리교의 국내 선교국 부총무까지 올라갔는데, 이분은 안타깝게도 먼저 세상을 뜨셨지요. 이런 지도자들의 배후에 강원용 목사님이 계셨던 겁니다. 그들에게 이런저런 일자리를 마련해주고 격려하고 밀어주는 목사님의 노력이 숨어 있었지요.

에큐메니컬 운동은 결국 지도력에 달려 있습니다. 지도력 없이는 아무 일도 할 수 없습니다. 그러나 지도력은 어느 날 갑자기 생기는 것이 아닙니다. 기독학생운동처럼 젊어서부터 꾸준히 따라다니며 경험한 것을 통해 다듬어집니다. 요즘의 에큐메니컬 운동을 보면 국내나 해외나 에큐메니컬 현장의 리더들이 별 경험 없이 선거나 정치를 통해 자리에 앉습니다. 이렇게 경험이 부족하다 보니 누군가에게 의존해야 합니다. 하지만 그 의존하는 사람의 판단이 반드시 맞는 것은 아닙니다. 그럼에도 불구하고 스스로 확신이 없기 때문에 그냥 따라가는 겁니다. 그러니 망합니다. 지금 우리가 너무나 많이 경험하고, 또 보고 있습니다. 정말 안타까운 일입니다.

결국 이 리더십은 어디에서 나오느냐? 그것은 비전을 가졌느냐, 안 가졌느냐에 달려 있습니다. 에큐메니컬 운동은 비저너리 무브

먼트(Visionary movement)입니다. 비전이 새것을 만들어내고, 새것을 키우고, 새것을 꽃피우고 열매 맺게 하는 것입니다. 비전 없이 남의 얘기만 듣는다면 운동이라고 할 수 없습니다. 예를 들어, 에큐메니컬 운동의 대표적인 지도자인 존 알 모트는 비전을 갖고 있는 사람입니다. 우리 당대에 온 세계를 복음화하자는 비전을 세웠지요. 물론 아직도 복음화는 안 되었습니다. 그러나 큰 비전을 가지고 우리 세대에 이 세계를 복음화하자고(Evangelization of the World in this Generation) 했던 것입니다.

토착화, 인간화, 그리고 비전

D. T. 나일스는 토착화를 얘기했습니다. 서방 선교사들이 복음을 화분에 심어 가져와서는 그대로 우리에게 넘겨준다는 건 맞지 않는다, 그 화분을 깨고 아시아의 흙에 다시 복음을 심어야 한다며 '복음의 토착화'를 주장한 것입니다. M. M. 토마스는 우리가 사는 게 어차피 현실이다, 이 현실과 대결하기 위해서는 사회적인 영성이 뛰어나야 한다고 말했지요. 사회적인 영성에 따라서 현실을 극복해나갈 수 있다는 것이에요. 그러니까 세속화된 사회적 영성을 말한 것입니다. 그리고 강원용 목사님은 '인간화'라는 화두를 내세웠습니다. 더 나아가 아카데미 대화모임을 통해, 그분의 삶을 통해 우리에게 인간화가 얼마나 중요한 화두인지 보여주셨습니다.

제가 보기에 강 목사님은 아주 뛰어난 엘리트입니다. 그래서 똑똑하지 않은 사람은 버틸 수가 없는데, 그것은 장점이자 약점입니다. 아카데미에도 최고의 스태프를 뽑았고, 다른 곳에 사람을 보낼 때에도 아주 엘리트 중의 엘리트를 모아 보냈습니다. 그러니 자연히 그런 사람들이 따르게 마련입니다. 이것은 아주 큰 장점입니다. 하지만 세상에 똑똑한 사람이 몇이나 되겠습니까. 대부분은 그저 평범합니다. 그래서 강 목사님도 엘리트 중심의 기독교운동에서 벗어나야 하겠다고 생각한 것입니다. 중간집단 교육이라는 걸 시작했던 것도 그런 이유에서였지요. 대부분의 사람들이 일반 민중이기 때문에 여성이든, 학생이든, 청년이든, 농민이든, 빈민이든 중간집단에 속하는 사람들을 묶어서 새롭게 의식화하고, 그것을 통해 이 사회를 번듯하게 변혁해야겠다고 한 것입니다. 강 목사님은 그런 생각과 실천으로 자신의 약점을 극복한 분입니다. 원대한 비전을 세우고, 엘리트들이 그것을 움직이고, 중간집단 혹은 민중 세력이 그 움직임에 함께하고, 그것을 통해 인간화를 체화시키는 일을 했다고 할 수 있겠습니다.

다행히 강 목사님은 다른 사람들보다 좋은 위치에 있었습니다. WCC 중앙위원으로 활동했고, 1968년에는 CCA 부의장으로 선출되었지요. 아시아 교회가 강 목사님의 엄청난 활동을 인정하여 두 명의 부의장 가운데 한 사람으로 뽑은 것입니다. 당시 CCA 의장은 나일스였는데, 나일스는 창립 초기부터 1968년까지 총무를 맡아보다가 동료이자 부총무였던 우 초탄에게 총무직을 넘겨주고 자신은 의장이 되었습니다. 그런데 의장이 된 후 수술이 잘못되는 바람에 1970년 세상을 떴습니다. 나일스가 2년 동안 의장을 하다가 세상을 뜨자 부의장이었던 강 목사님과 츠 반 이트 싱가포르 주교가 의장 대행을 맡게 됩니다. 그 뒤, 1973년 EACC가 싱가포르 총회에서 CCA로 바뀌면서 헌장을 개정합니다. 의장 한 명, 부의장 두 명이었던 제도를 네 명의 의장단으로 만들었지요. 이 의장단에 강 목사님이 다시 뽑히게 됩니다.

아시아 교회에서 강 목사님이 하신 역할은 WCC 중앙위원으로 일할 때보다 훨씬 더 의미 있는 게 많습니다. 1973년 싱가포르 총회, 1977년 페낭 총회 때까지가 가장 힘든 시기였습니다. 우리나라는 유신 체제, 필리핀은 마르코스 체제, 인도네시아는 수하르토 체제, 대만은 장개석 체제에 있던 때였지요. 이러한 어려운 정치적 여건 속에서 CCA와 교회가 어떤 역할을 해야 할 것인가를 놓고 큰 활약을 하신 겁니다. 그러다가 ACISCA라고 해서 한국과 일본의 아카데미, 인도의 에큐메니컬 스터디센터 등 여러 나라의 기독교연구소를 하나로 묶어야겠다고 생각합니다. 이들을 묶으면 서로 프로그램을 교류할 수도 있고, 여러 에큐메니컬 운동의 동력을 얻어낼 수 있겠다 싶어 강 목사님과 M. A. 토마스, 두 분이 만들었지요. 토마스는 성 도마 교회의 성직자인데, 기독학생회의 간사 출신입니다. 기독학생운동과 에큐메니컬 현장 운동을 한 분이 의기투합하여 ACISCA라는 기구를 만들어 크게 활약하신 겁니다.

아시아에 쇼키 코(Shoki Coe)라는 신학자가 있습니다. WCC의 신학 기금을 관리하는 책임자입니다. 쇼키 코는 강연과 컨설테이션을 통해 '텍스트'와 '콘텍스트'라는 두 가지 화두를 남겼습니다. 성서를 텍스트라고 했을 때 그것이 우리가 사는 콘텍스트와 어떻게 연결되느냐를 이야기합니다. 송(C. S. Song)은 바로 그의 직계 제자입니다. 송은 스토리텔링으로 신학을 해야 한다고 말합니다. 중국의 고사, 민담 속에서 신학적 소재를 끄집어내 우리 나름대로 해석해야 한다는 것입니다.

그리고 싱가포르 총회에서는 오재식(CCA URM 스태프) 선생과 강원용 목사님이 엄청난 리더십을 발휘합니다. 강원용 목사님은 의장으로 활약하셨고, 오재식 선생은 민중 포럼을 시작해서 성공리에 이끌었어요. 민중 포럼에서는 민중은 계도의 대상이 아니라 역사의 주체다, 교회도 민중에 대해 새롭게 관심을 가져야 한다는 이야기가 나왔습니다. 또 산업선교다, 빈민선교다, 학생선교다, 여성선교다, 원주민선교다, 이 모든 것이 민중의 현장이다, 그러면서 아시아를 뒤흔들어놓았습니다.

통일 논의의 물꼬를 튼 에큐메니컬 운동

아시아 교회는 WCC와 더불어 남북통일 문제에 대해 큰 역할을 했습니다. 여러분이 잘 아시는 바와 같이, 1984년에 '도잔소'라고 하는 일본 YMCA 전국연맹 훈련장에서 세계 교회 대표들이 모여 어떻게 하면 한반도에서 통일을 이루어낼 수 있을지를 의논했습니다. 1984년은 전두환 정권이 한창 기승을 부릴 때입니다. 그때 오재식 선생이 한국의 NCC 통일 담당 원장이었는데, 한국의 에큐메니컬 지도자들이 한반도 문제를, 그것도 통일 문제를 세계 교회에 내놓고 협의한 것입니다. 그 당시는 감히 통일 이야기를 하는 것조차 어려울 때인데, 그런 시절에 처음으로 물꼬를 튼 거예요.

사실 도잔소 협의회가 열리기까지 정말 고뇌가 많았습니다. 과연 협의회를 열어도 괜찮을까, 또 시기적으로 적절할까 등 이런저런 걱정과 고민이 많았지요. 그러나 마침내 1984년 도잔소 회의를 개최했고, 그 뒤 2년이 지나서는 글리온에서 남북 교회의 대표들이 만납니다. 또 1991년 캔버라에서 열린 WCC 총회에서는 북한의 조선그리스도교연맹의 고기준 서기장과 한국의 NCC 총무인 권호경 목사가 연단에 올라 둘이 함께 손을 치켜들기에 이르렀지요. 이것이 에큐메니컬 운동의 아름다운 점입니다.

에큐메니컬 운동은 비전이 있는 운동이라고 했습니다. 누구도 북한에 들어가서 그 사람들을 끌어낼 용기도 없고, 생각도 안 하던 때에 북한과 접촉하고 현장에 직접 들어가 그들을 설득해 데려온 것입니다. 중국의 경우도 마찬가지입니다. 1949년에 공산화되면서 중국 교회는 국가 체제에 포함된 채 삼자애국운동(三自愛國運動)을 하는 교회가 된 겁니다. 삼자란 자치(自治), 자양(自養), 자전(自傳)을 말하는데, 외국과의 관계를 끊어서 자치하고 경제적으로는 자양하며 사상적으로는 자력 전도한다는 뜻이지요. 이렇게 공산화가 되면서 중국은 WCC에서 일시 후퇴를 했습니다. 그 전에는 중국 대표가 부의장으로 활동하기도 했는데 말입니다. 그런데 그들을 다시 자유 세계로 꺼내온 것도 에큐메니컬 운동이 있었기에 가능했습니다.

인도차이나 역시 마찬가지입니다. 공산화가 된 그곳에 교회가 들어가서 봉사활동을 했고, 그것을 통해 교회에 대해 새로운 이미지를 심어주었지요. 구호물자나 국가 재건에 물자를 댐으로써 그 나라 국민들의 환심을 살 수 있었기 때문이에요.

지금 남북한 관계는 냉각기에 들어서 있습니다. 북한 교회는 위기를 겪고 있습니다. 초기에는 고기준 목사가 서기장으로 외부 세계와 소통했지만 세상을 떴습니다. 그 후임으로 강영섭 목사가 위원장이 되어 외부 세계와 접촉했습니다. 하지만 그 역시 세상을 뜨고 말았지요. 지금은 오경우 목사가 서기장으로 높은 지위에 있지만 고기준 목사나 강영섭 목사와 같은 그런 위치에 있질 못합니다. 리더가 없는 거예요. 리더가 없다 보니 에큐메니컬 활동을 하는 데 상당한 어려움을 겪고 있습니다.

아시아 교회는 1947년에 이미 교단 통합을 이루어냈습니다. 남인도 교회(Church of South India)의 교단들을 하나로 통합한 것이 1947년의 일이지요. 또 1977년에는 북인도 교회(Church of North India)도 교단 통합을 이루었습니다. 인도가 에큐메니컬 운동의 훌륭한 본보기를 우리에게 보여준 것입니다. 일본이나 필리핀에는 UCCJ(United Church of Christ in Japan), UCCP(United Church of Christ in the Philippines) 연합교회가 생겼는데, 국가가 이것을 주선했습니다. 필리핀의 경우,

너희들 교회 통합해라 해서 통합된 교회들이 아직도 그대로 유지되고 있습니다. 그러니까 UCCJ와 UCCP는 외부에 의해 통합된 교회입니다. 또 호주는 '계속해서 연합해나간다'는 뜻으로 UCA(Uniting Church in Australia)라고 했습니다. 문호가 개방되어 있으니까요. 중국은 CCC(China Christian Council, 중국기독교협회)라고 부르고 있습니다. 이것은 교회가 아닙니다. 교파를 뛰어넘은 것이지요. 무슨 무슨 교단이 아니라 중국기독교협회 안에 성공회 전통과 장로교 전통, 침례교 전통을 모두 가지고 있는 것입니다. 교파를 뛰어넘은 하나의 교파 후기 교회(post-denominational Church)가 되었지요. 이렇듯 아시아는 에큐메니컬 운동을 모범적으로 이루어나가는 대륙입니다. 이런 대륙에 우리가 속해 있는 것이고요.

에큐메니컬 운동의 위기는 지도력 부재

마지막으로 제가 한마디만 더 하고, 여러분에게 질문을 받기로 하겠습니다.

얼마 전에 김영주 NCC 총무, 김삼환 WCC 총회 한국준비위원회 상임위원장, 길자연 WEA 총회 준비위원장, 그리고 홍재철 한기총 대표가 1월 13일 공동선언문을 발표했습니다. 이들이 합의한 선언문의 내용을 요약해보면 이렇습니다.

첫째는 종교다원주의를 배격하며, 둘째는 공산주의와 인본주의,

동성연애 등 복음에 반하는 모든 사상을 반대하고, 셋째는 개종 전도 금지를 반대하며, 넷째는 성경 66권이 하나님의 특별 계시로 무오하며 신앙과 행위의 최종적이고 절대적인 표준임을 천명한다는 것입니다. 그런데 이것은 한마디로 난센스인 데다가 시대에 뒤떨어진 합의문이라며 에큐메니컬 측으로부터 강한 반발과 빈축을 사게 되었습니다.

저는 이런 현실을 보면서 만약 강 목사님이 살아 계셨다면 결코 일어나지 않았을 일이고, 또 이런 일이 일어났다고 해도 어떤 형태로든 해결되는 방향으로 나아가지 않았을까 생각합니다.

그런데 우리가 처한 현실은 어떻습니까? 리더라고 하는 사람들이 단지 교회가 크다는 이유로, 또 이런저런 핑계로 높은 자리에 앉아서 결정을 하고 있습니다. 비전이 없는 것입니다. 그냥 기능적으로 대처할 따름입니다. 그러니 회의를 했다고 하면서 내놓은 것이 바로 그런 성명서인 거지요.

에큐메니컬 운동의 위기는 결국 지도력 부재에서 옵니다. 이 지도력 부재는 현재 자리에 앉아 있는 사람들로는 해결하기 어렵습니다. 여러분처럼 학생 때부터 에큐메니컬 현장에 나가서, 그것이 노동운동이든 빈민운동이든 산업선교운동이든 학생운동이든 환경운동이든 여성운동이든, 모든 분야에서 비전을 가지고 어떻게 상생하면서 인간화로 끌어낼 수 있겠는가를 고민하다 보면 자연스럽게 리더십이 나오게 됩니다.

얼마 전 WCC 총무라는 사람이 이 와중에 서울에 왔습니다. 그러고는 아주 부끄러운 행태를 보이고 갔습니다. 만약 이 같은 문제가 터졌을 때 강원용 목사님이 WCC 총무로 한국에 왔다면 네 교단의 대표를 한자리에 모아놓고 자초지종을 들은 후 이 문제에 대해 책임 있게 발언하고 설득해가면서 해결했을 것입니다. 하지만 지금의 WCC 총무는 문제를 해결하기 위해 노력하기보다 요리조리 피했습니다. 한국 교회의 문제니까 너희들끼리 해결하라며 돌아가버린 것입니다. 그러니까 그의 리더십은 루터교 목사에 머물러 있을 뿐입니다. 다른 것은 보이지도 않고, 볼 수도 없는 것입니다. 그건 경험이 없기 때문이에요. 그는 WCC 총회에 한 번도 참석하지 않았습니다. 그런 사람이 WCC 총무로 가방만 들고 그저 왔다 갔다 하는 것이지요. 부끄러운 줄도 모릅니다. 그런 모습을 보면서 저는 강원용 목사님이 얼마나 큰 리더였던가를 다시 생각하게 되고, 또 그리워하게 됩니다. 우리는 그렇게 할 수 없지만, 그분이 하려고 했던 여러 가지 비전을 희미하게나마 상상하면서 해결하려는 노력을 해야겠다고 생각합니다. 그것이 제가 하고 싶은 이야기 중의 하나입니다.

결국 함석헌 선생이 말씀하신 대로 전체의 자리에서 씨알인 나를 보는 태도가 중요합니다. 그런데 전체라는 건 무엇입니까? 오이쿠메네(oikoumene) 아니겠습니까. 온 우주를 하나의 집으로 보는 오이쿠메네, 전체의 자리에서 '참 나'를 찾는 오이쿠메네를 이루어가는 우리가 되어야 하지 않을까 생각합니다. 그럼 이제 그만 두서없는 이야기를 마치도록 하겠습니다. 감사합니다.

여해 강원용 목사와
종교 간의 대화

법륜
평화재단 이사장

1953년 울산 출생. 갈등과 분쟁이 있는 곳에 평화를 실현해가는 평화운동가이자 제3세계를 지원하는 활동가이며, 인류의 문명 전환을 실현해가는 전 지구적 책임 의식을 가진 사상가이자 깨어 있는 수행자이다. 지금은 정토회 지도법사와 평화재단 이사장으로 활동하고 있다.
1988년에 괴로움이 없고 자유로운 사람, 이웃과 세상에 보탬이 되는 보살의 삶을 서원하면서 '정토회'를 설립하여 정토 수행자들의 수행을 지도하고 있다. 2000년에는 만해상 포교상을, 2002년에는 아시아의 노벨평화상이라 불리는 라몬 막사이사이상(평화와 국제 이해 부문)을, 2007년에는 민족화해상을, 2011년에는 포스코청암상과 통일문화 대상을 받았다.
주요 저서로 『미래 문명을 이끌어갈 새로운 인간』 『실천적 불교 사상』 『일과 수행』 『젊은 불자들을 위한 수행론』 『인간 붓다』 『불교와 평화』 『스님의 주례사』 『엄마 수업』 『방황해도 괜찮아』 『기도』 『깨달음』 『새로운 100년』 등이 있다.

여러분을 만나서 정말 반갑습니다. 한신대는 1997년 북한 동포들이 굶어 죽어갈 때 북한의 어려운 실정을 알리려고 방문한 적이 있습니다. 그러니까 오늘이 두 번째 방문인 것 같습니다. 북한 식량난에 대해 보고하려고 왔을 때 저를 초청한 분이 제게 말씀하시더군요. "우리 학교에 스님이 오신 것은 처음입니다"라고요. 그런데 이제는 시간이 꽤 흘렀으니 그동안 다른 스님도 다녀가시지 않았을까 싶네요.

사회에 눈뜨게 해주신 강원용 목사님

오늘 이렇게 특별히 제가 스승으로 모시는 강원용 목사님에 대해 이야기할 수 있는 기회를 주셔서 정말 감회가 깊고, 또 감사하다는 말씀을 드립니다. 제가 젊은 시절엔 수행을 한답시고 시간 개념 없이 살아서 몇 년도에 목사님을 처음 뵈었는지는 기억이 잘 안 나지만, 대략 떠올려보면 1975년에서 1976년경이 되는 것 같습니다. 제가 크리스찬아카데미 수원 사회교육원 '내일을 위한 집'에 농민 교육생으로 참여했었습니다. 그때 목사님을 처음 뵈었지요.

저는 불교 공부 차원에서 두 분의 큰 스승님을 모시고 있습니다. 한 분은 저를 절로 들어오도록 인도해주신 불심도문 스님이고, 또 한 분은 평생 스승으로 모시고 살아온 전 대한불교 조계종 종정을 역임한 서암 큰스님입니다. 서암 큰스님은 강원용 목사님과 종교 간의 대화를 시작하셨는데, 그 이야기를 큰스님에게 들었지요. 또 방송에도 두 분이 같이 출연하셨다는 이야기를 들었습니다. 법정 스님에게도 강원용 목사님과의 종교 간 대화모임에 대해 들었습니다. 그러니까 종교 간 대화모임의 초창기 멤버는 법정 스님, 서암 큰스님 같은 분들이라 저는 감히 낄 자리가 아니었지요.

제가 대화모임에 초대를 받고 정기적으로 참여한 것은 그보다 한참 뒤인 90년대 들어와서입니다. 그러니까 후반기라고 할 수 있겠습니다. 어쨌든 수원 '내일을 위한 집'에서 교육을 받고, 『대화』라는 잡지도 정기적으로 구독했지요.

저를 신앙적으로 눈뜨게 해준 스승이 두 분 스님이라면, 사회에 대해 처음으로 눈뜨게 해주셨을 뿐만 아니라 돌아가실 때까지 오랫동안 스승으로 모셨던 분이 바로 강원용 목사님이라 하겠습니다. 처음 목사님을 뵌 것이 20대 때인데, 그 시절 저는 시골의 절에서 수행을 하고 있었기 때문에 신앙적으로는 만족스러웠지만 사회참여 문제에 대해서는 전혀 욕구가 채워지지 않았습니다. 그런 상황에서 농민 교육생으로 아카데미 모임에 참여한 것입니다. 목사님과 함께 "삼천만 잠들었을 때……" 하는 농민가도 불렀고, 모임이 끝날 때는 촌극도 했었지요. 촌극에서 제가 무슨 역할을 맡았는지는 잘 기억나지 않지만, 꽤 열정적으로 참여했는지 목사님이 칭찬해주셨던 것은 생각납니다. 그때는 제가 머리를 기르고 활동했거든요. 강 목사님은 사회정의와 평화, 이런 문제에 눈뜨게 하고 지도해주신 분입니다.

보편적인 사랑으로 접근

강 목사님하고는 종교에 대해 이야기를 나눈 적이 별로 없습니다. 하지만 사회 문제에 대해서는 대화를 많이 나누었습니다. 가장 열심히 대화한 건 90년대 후반으로 강원용 목사님과 김수환 추기경님, 송월주 스님 등을 모시고 북한 동포 돕기를 할 때였습니다. 불교 쪽에서는 제가, 기독교 쪽에서는 복음주의협회 회장인 김명혁 목사님이, 천주교 쪽에서는 오태순 신부님이 함께 열심히 일했지요.

그 전에는 이해학 목사님과 민중운동 쪽에 참여했는데, 북한 돕기 활동에서는 민중운동 쪽보다 약간 보수적인 신앙파가 더 적극적

이어서 그분들과 같이한 거지요. 아무튼 그 활동을 하면서 제가 느낀 것이 있습니다. 사실 처음에는 사회운동 쪽으로 눈을 뜬, 이른바 민중운동을 하는 목사님들과 친하게 지냈어요. 복음주의협회 쪽은 좀 보수적이지 않을까 생각했거든요. 그런데 김명혁 목사님과 같이 일을 하면서 내면의 세계나 수행의 정도랄까, 그런 것은 운동권 쪽 목사님들보다 훨씬 깊이가 있다고 느꼈어요. 친근감이 많이 생기더라고요. 그래서 김명혁 목사님과 정말 친하게 지내며 교계 어른들을 모시고 활동했습니다.

우리 불교계에서도 연세 드신 어르신들은 사회의식이 부족해요. 그것이 늘 불만이었지요. 젊은 스님들은 사회의식이 많이 깬 편이거든요. 그랬기 때문에 민중운동 쪽 분들을 더 좋게 생각했는데, 시간이 지나고 보니까 사회의식이 있는 건 좋은데 세상 문제에 너무 영악한 것 같더라고요. 사회의식이 부족하다고 생각했던 어른들을 보면 수행이나 불교적인 가치와 믿음 면에서는 더 깊이가 있어요. 저도 나이 들면서 인간 세상이라는 것이 한 면만 있는 게 아니구나, 이것을 어떻게 조화롭게 할 것인가 하는 생각을 하게 되더라고요. 사회적인 의식으로 너무 가면 신앙적인 게 떨어지고, 또 신앙적인 것으로 너무 가면 사회를 외면하는 문제가 생기거든요. 요즘 개신교를 보면, 옛날에는 활발했던 사회적 실천 활동이 많이 줄어들고 신앙적인 측면만 강조되어 너무 반사회적으로 나가는 게 아닌가 싶습니다.

어쨌든 그런 면에서 제가 만난 강원용 목사님은 저희와 만났을 때 종교적인 의식도 최소화하고, 주로 내용적인 측면으로 접근하셨어요. 그런 게 기독교에 대해 호의적인 생각을 갖게 했다고 할 수 있을 것 같아요. 어릴 때 저도 교회에 다니긴 했지만 강원용 목사님 덕분에 다시 성경에 관심을 갖게 되었지요.

한때 문익환 목사님이 설교하시던 수유리 한빛교회에 다닌 적이 있습니다. 조그마한 교회였는데, 일요일마다 예배에 참석했지요. 그때 많이 느꼈습니다. 우리 같은 사람에게도 예수님의 사랑이랄까 기독교적인 가치관이랄까, 그런 게 전달될 수 있었던 건 기독교의 예배 형식 때문이 아닌 것 같아요. 그런 것을 넘어서서 보편적인 사랑으로 접근할 때 오히려 비종교인도 은혜를 입을 수 있지 않을까 생각합니다. 그래서 저도 요즘은 대중과 만날 때 종교 의식은 일절 하지 않아요. 또 종교 시설이 아닌 일반 시설에서 주로 강연을 하고, 다루는 주제도 종교 문제를 빼고 그냥 인생사와 세상사를 가지고 이야기합니다.

지난번에 제가 캄보디아에 갔을 때 한국 교민들이 불교 신자를 대상으로 법문을 좀 해달라고 하더군요. 인도네시아에 갔을 때도 그런 요청이 들어왔고요. 그때 제가 이렇게 말했어요. "절에서 하지 말고 일반 강당을 빌려서 일반 주제로 하면 하겠다." 절에서 법문을 하면 기독교인들은 못 오지 않습니까? 기독교에서는 절에 가지 말라고 가르치는데, 굳이 그런 데서 할 필요가 뭐 있겠느냐 싶었던 겁니다. 학교라든지 일반 건물에서 이야기하면 편안하고 자연스럽게 만날 수 있지 않습니까. 또 대화 주제도 불교와 관련된 것 말고 일반적인 주제로도 얼마든지 얘기할 수 있으니까요. 그러다 보니 해외에 파견되어 온 선교사들도 많이 참여하셔서 편안하게 대화를 나눌 수 있었습니다. 사실 그분들도 오지에서 활동하니까 무척 외롭잖아요. 그곳에서 겪는 여러 어려움을 종교로 다 해결할 수는 없지요. 그런 문제를 놓고 우리가 함께 모여서 어떻게 하면 좀더 행복한 마음으로 일할 수 있는지를 이야기하는 것이지요.

이런 것을 목사님이 꼭 이렇게 하라고 말씀해주신 것은 아니지만, 몸소 하시는 것을 옆에서 지켜보면서 배웠다고 할 수 있습니다. 교회라는 형식이나 교리 강좌가 아니라 환경 문제나 평화 문제, 구호 문제를 해결하기 위해 목사님을 비롯해 여러 사람과 함께 일하다 보니까 저절로 존경스럽다는 마음이 들더라고요. 그러면서 이분들은 어떤 믿음을 가졌길래 저렇게 할 수 있을까 하고 생각해보니, 그 바탕에 기독교 사상이 깔려 있는 거예요. 그래서 성경을 다시 읽어보게 되고, 또 글자를 넘어서서 이해하게 되었지요. 강 목사님의 설교를 들으면 글자를 넘어서서 그 뜻을 이해할 수 있는 것 같아요. 그런 면에서 목사님과의 만남은 제 인생에서 큰 행운이고 축복이었습니다.

목사님과는 다방면에 걸쳐 인연을 맺어온 것 같아요. 수원의 '내일을 위한 집'에서 교육을 받은 것뿐만 아니라, 가평의 '바람과 물 연구소'도 많이 이용했지요. 연구소를 지은 건 목사님이지만 그곳을 이용한 건 제가 더 많지 않나 싶어요. 우리 활동가들이 일 년에도 몇 차례씩 거기에 가서 워크숍을 하거든요. 그곳은 마치 산속의 암자 같아요. 절도 산에 있지만 요즘은 너무 관광지화되고, 시설도 편리하지 않아서 연수를 하는 데 어려움이 있어요. 그런데 그곳은 깊은 산속에 있으면서도 워크숍을 하기에 편리하게 지어져 있어요. 그래서 많이 이용하게 됩니다.

한반도 평화 정착을 위한 선각자적 활동

강 목사님은 말년에 한반도의 평화 정착을 위해 정말 헌신적으로 활동하셨습니다. 그건 제 관심사이기도 해서 같이 참여했고 목사님의 사랑도 받았다고 생각합니다. 요즘 제가 하고 있는 평화재단도 목사님이 하셨던 평화 포럼의 뜻을 계승한 것입니다. 그 형식은 포럼에서 재단으로 조금 달라졌지만, 그 내용은 목사님이 하시고자 했던 것 그대로입니다. 목사님은 적어도 한반도의 평화 문제와 민족 문제, 통일 문제는 더 이상 여당과 야당, 진보와 보수의 관점으로 접근해서는 안 된다, 여야와 시민사회단체 지도자들이 모두 모여 국민의 뜻을 하나로 모아야 한다고 생각하셨어요. 그래서 국회 산하로 평화 포럼을 만들어 10여 년간 마지막 남은 인생을 쏟아붓지 않으셨나 합니다. 거기에 저도 참여해 활동하면서 참으로 많은 걸 배웠습니다.

저는 고등학교 1학년 때 절에 들어갔고, 외국 유학도 해본 적이 없어서 어떤 활동을 할 때 인적 기반이 전혀 없어요. 제가 몸담고 있는 불교도 사회적인 활동을 할 수 있는 기반이 되질 못해서 어떻게 보면 맨땅에 헤딩 하듯이 혼자서 시작했거든요. 그런데 제가 서경석 목사님과 같이 일을 하면서 보니까 그분의 인맥이 엄청나더라고요. 우선 서울대학교를 나왔잖아요. 사회운동을 했지만 공무원 사회에도 대학 친구가 있고, 유학을 했으니 외국에도 친구가 있고, 영어를 할 줄 아니까 국제회의도 직접 주관하고요. 어떤 일을 할 때 보면 교회 친구, 학교 친구, 유학 친구 해서 폭이 상당히 넓어요. 저는 그런 게 참 부러웠어요. 저도 인맥이 있었으면 일찍 좀 잘했을 텐데. (웃음) 그런 게 전혀 없으니 달랑 혼자서 할 수밖에요.

제가 1980년 초에 대학생들 지도하면서 사회운동을 시작하니까 조계사 안에 이런 말이 돌았어요. "저 자식 저거 교회 다니다가 위장으로 불교에 들어왔다. 기독교 사회운동을 하려고 들어온 거야." 결국은 조계사에서 잡혀서 스님들한테 두들겨 맞았지요. (웃음) 어려서 절에 들어가 대학도 안 다녔고, 또 경주 시골에서 계속 살았으니까 대학생 활동이나 사회과학 활동에 대한 경험이 전혀 없어요. 그런데 어디선가 갑자기 나타나서는 대학생들을 지도하니까 틀림없이 기독교에서, 특히 크리스찬아카데미에서 파견한 사람이라고 오해를 했던 것 같아요.

그런 저에게 크리스찬아카데미라고 하는 방식은 너무나 부러웠고, 도움도 많이 받았습니다. 여러분은 잘 모르겠지만, 70년대 우리 사회에 산업화가 급속도로 진행될 때 엄청난 사회적 갈등이 일어났습니다. 농촌이 붕괴되면서 농민들이 도회지로 올라와 대부분 도시 빈민이 되었지요. 그래도 20대 젊은이들은 도시의 공단에 들어가서 노동자가 될 수 있었어요. 하지만 아이들이 있는 30대 중후반의 아줌마와 아저씨들은 어쩔 수 없이 농촌을 떠나긴 했지만, 막상 도시의 노동자 사회로 들어가질 못하다 보니 빈민이 되어버린 거예요. 그러니까 당시의 농촌 문제와 노동 문제, 그리고 도시빈민 문제가 하나로 이어지면서 사회적인 갈등으로 나타난 것이지요.

이 문제를 풀어나가는 방법으로 그들을 위한 의식화 교육이 이루어졌습니다. 농민과 노동자가 자기 권리를 찾도록 가르친 것이지요. 그런데 자기 권리를 지나치게 찾다 보면 서로 갈등을 일으킬 수밖에 없습니다. 그래서 그다음 단계로 크리스챤아카데미의 대화모임이 마련되었고 『대화』라는 잡지도 발간했습니다. 처음에는 운동 쪽으로 이끌었다가 운동이 어느 정도 굴러가자 대화 쪽으로 방향을 이끌었던 것입니다. 이를 두고 운동권에서는 목사님을 많이 욕했어요. 투쟁이 아니라 대화를 가르친 거니까요. 그러고 보면 모든 문제를 투쟁으로 푸는 것이 아니라 대화를 통해 합리적인 방식으로 풀어나가고자 했던 목사님은 참 선각자인 것 같아요. 처음에 권리 찾기를 할 때도 선각자였고, 또 대화를 통해 평화적으로 갈등을 풀어낸 것도 선각자적 행동이었지요. 사실 그때 대화 방식을 두고 개량주의라 하여 비난하고 욕했던 사람들도 목사님이 키워놓은 사람들이었다고 해요. 제자들보다 한 걸음 더 앞섰던 것이지요. 지나놓고 보니 그것마저도 역시 선각자적인 활동이 아니었나 하는 생각이 들어요.

한국사회의 리더십 훈련과 지성의 흐름을 주도한 크리스챤아카데미

그다음 단계로 목사님은 환경 문제와 평화 문제로 옮겨 가셨어요. 국제회의를 할 때 말씀하시는 걸 보면, 보통 사람들은 나이가 들면 정열이 떨어지고 생각도 보수적으로 변해요. 그런데 목사님하고 회의를 하거나 토론을 해보면 제자들보다 더 진보적이에요. 제자들이 못 따라가지요. 제자들도 나이가 5, 60이 다 되었고 심지어는 돌아가신 분도 있지만, 그 면면을 살펴보면 모두들 한국사회에서 쟁쟁한 역할을 하는 분들이에요. 특히 여성운동을 하는 분들은 다 크리스챤아카데미 간사 출신이지요. 여러분은 잘 모르시죠? 한명숙 전 국무총리와 신인령 전 이화여대 총장은 예전에 제가 교육을 받으러 갔을 때 간사를 했던 분들입니다. 그러니까 한때 한국사회의 리더십 훈련이나 대화, 지성의 흐름은 거의 크리스챤아카데미가 주도했다고 볼 수 있을 것 같아요. 나중에 윤여준 전 장관님이 그에 대해 말씀해주실 테지만, 제가 그동안 쭉 지켜본 바에 따르면 그 모든 걸 강원용 목사님이 주도하셨다는 생각이 듭니다.

그럼 투쟁은 주로 어디에서 담당했을까요? 그건 5가에서 담당을 했어요. 종로5가에 있는 기독교회관에서요. 예전에는 5가라고 하면 다 통했는데, 요즘엔 안 통하더군요. (웃음) 저희 집안에 형제가 넷인데, 한 명은 미국에 가 있고 나머지 셋은 동시에 감옥에 가 있을 때가 있었어요. 아마 그 때문에 우리 어머니가 속이 너무 상해 일찍 돌아가셨을 거예요. 그때 구명 운동을 하려고 자주 찾아갔던 곳이 바로 김수환 추기경님이나, 아니면 종로5가의 목요 기도회였습니다. 그러니까 투쟁 과정에서 일어나는 문제를 보살폈던 건 주로 5가가 맡았고, 한국사회 리더십 훈련과 대화에 관한 것은 크리스찬아카데미가 맡았던 거지요. 이 둘이 당시 우리 사회를 크게 이끌어갔다고 할 수 있습니다. 개신교가 그런 역할을 맡았기 때문에 오늘날 한국사회에서 개신교가 크게 부흥할 수 있었지, 순전히 선교만 해서 발전했다고 하는 것은 올바른 평가가 아니라고 봅니다. 실천적 사회 활동을 통해 기독교의 이미지를 좋게 만들었기 때문에 사람들이 기독교에 대해 호감을 갖게 되었다고 생각해요. 지금은 우리 사회의 개신교도 수가 불교도 수와 거의 비슷하고, 영향력 면에서는 불교보다 열 배도 더 된다, 이렇게 볼 수 있지 않습니까? 개신교 대통령을 배출해낼 만큼 영향력이 있는 거죠.

그런데 앞으로는 어떨까요? 계속 성장할까요? 저는 교회 성장의 시대는 끝났다고 생각합니다. 이미 내리막길로 들어섰습니다. 오히려 사회적 이미지를 살펴보면 개신교가 여러 종교 가운데 제일 나빠요. 옛날에는 불교의 이미지가 가장 나빴어요. 각목 들고 싸우는 게 연일 신문에 대문짝만 하게 보도되었습니다. 하지만 요새는 이미지가 아주 좋아지지는 않았지만, 그래도 더 이상 나쁘게는 만들지 않고 있어요. 그에 비해 요즘 개신교는 어떻습니까? 세습이니 재판이니 하면서 신문에 자주 나는 게 모두 개신교예요. 불교에서 나쁜 점을 배워 간 거지요. (웃음)

해외 선교를 하러 나갔을 때 굉장히 열심히 하는 건 좋아요. 그런데 제가 아프가니스탄과 인도, 필리핀, 캄보디아, 인도네시아, 스리랑카, 미얀마 등에 나가 있어보면 좀 지나친 면이 있어요. 지나치게 일방주의적이라는 생각이 듭니다. 그러니 그 사회 안에서 거부 반응을 일으키고, 또 추방당하는 일이 벌어지기도 하지요. 같은 한국 사람이지만 우리도 가까이하는 게 겁이 납니다. 싸잡아 매도될까 싶어서요. 참으로 안타까운 일이에요. 어쩌다가 크리스찬아카데미에서 해놓은 성과가 전혀 계승되지 않고 있나 싶습니다. 정열적으로 일하는 건 좋지만, 그게 상대 나라나 상대 문화, 상대 종교를 무시하는 쪽으로 흐르거든요. 그렇게 하면 짧은 기간 안에 양적인 팽창을 할지는 몰라도 사회적인 저항을 받기 때문에 성공적인 결과를 얻기가 쉽지 않습니다.

지난번에 나온 통계를 보니까 국민들에게 제일 이미지가 좋은 종교는 천주교로 60퍼센트대이고, 그 바로 밑으로 불교가 50퍼센트대, 개신교는 30퍼센트대까지 떨어져 있어요. 이미지가 나빠질 경우 그 영향이 지금 당장 나타나지는 않아요. 2, 30년 후에 결과가 나타나지요. 기독교가 민주화로 이미지를 좋게 한 게 민주화를 이룬 후에 폭발적으로 나타났듯이, 천주교도 민주화 과정에서 이미지를 많이 개선했잖아요. 1987년 이후 20년 사이에 천주교 신자가 60퍼센트 정도로 늘어났거든요. 물론 그게 꼭 좋은 것만은 아니라고 봐요. 그렇게 신자 수가 갑자기 늘어나면 그만큼 냉담해지는 사람도 많아지니까요. 등록된 교인 수는 많은데, 안 나오는 사람이 급격하게 늘어난다는 것이지요.

요즘 제 강연에 제일 많이 나오는 사람이 바로 이런 사람들이에요. 불교 신자는 많지 않습니다. 왜냐하면 제 얘기를 들으면 자기가 알고 있는 불교와 너무 다르기 때문에 헷갈리거든요. (웃음) 제 강연에 오는 사람들을 보면 첫째가 무교, 둘째가 천주교에 냉담한 사람, 셋째가 교회에 다니다가 안 다니는 사람이에요. 그런데 이런 사람들이 오히려 더 대화가 잘 통해요. 이런 걸 보면 강원용 목사님과 크리스챤아카데미의 활동이 기독교의 이미지를 좋게 만드는 데 크게 기여했다는 생각을 다시 한번 하게 됩니다. 그 효과가 부흥회를 하는 것과는 비교가 안 될 정도지요. 그런 것이 기독교 사회 내에서 제대로 평가를 받아야 한다고 봅니다. 종교 간의 대화를 했다, 어떤 사회적인 활동을 했다, 이런 것을 평가할 때 단기적인 효과만 평가할 게 아니라, 그걸 통한 기독교의 이미지 개선을 생각해봐야 해요. 요즘은 기업들도 이미지 광고를 하잖아요.

굳이 기독교를 믿으라고 말하지 않아도 이미지를 좋게 해놓으면 엄청난 선교 효과가 있습니다. 경동교회에 다녀라, 어느 교회에 다녀라 하지 않아도 이미지 개선을 해놓으니까 기독교 신자가 엄청나게 늘어난 거예요. 선교만 열심히 해서 늘어났다고 평가해서는 안 됩니다. 이런 것도 기독교 안에서 재평가되었으면 좋겠어요.

저도 마찬가지입니다. 요즘 혜민 스님이나 정목 스님 같은 분들이 사찰을 갖고 있는 것도 아니고, 저 또한 전통 불교를 기반으로 하고 있지 않아요. 그런데 종교를 넘어서 이미지를 개선하니까 불교 신자가 늘어난다는 거예요. 작년에 스님들이 술 먹고 고스톱을 쳤다는 기사가 많이 나왔잖아요. 옛날 같으면 그것 때문에 지지율이 굉장히 떨어졌을 겁니다. 하지만 요즘은 달라졌어요. 한 분은 하버드대에 다니다가 스님이 된 지 얼마 안 되었고, 또 이번에 주목을 받으신 분은 비구니 스님입니다. 그리고 저는 교단에서 봤을 때 거의 아웃사이더지요. 불교계에서 거의 20년을 왕따 당했으니까요. 그게 작년에야 풀렸어요. 정치적 탄압은 한 5년만 가면 풀리는데, 종교적 탄압은 아주 오래갑니다. 그래서 저는 종교 별로 안 좋아해요. 어지간하면 종교를 갖지 말라고 하겠어요. (웃음)

신앙의 중심은 예수님의 삶과 사랑, 부처님의 삶과 자비

먼저 사람이 되고 나서 목사가 되고, 사람이 되고 나서 스님이 되어야 합니다. 그런데 보통 사람 수준도 안 되는 게 중이 되고 목사가 되면 부작용이 아주 심해요. 종교를 넘어서서 사람이 먼저 되는 교육이 이루어져야 한다는 말입니다. 또 거기서 조금 더 승화되는, 조금 더 앞서 가기 위해 신앙이 있어야 한다는 것이지요. 신앙이 없으면 앞서 가기 어렵지 않습니까. 보통 사람이 어떻게 자기가 죽으면서 자기를 죽인 사람을 불쌍히 여기면서 "주여, 저들을 용서하소서"라고 말할 수 있겠습니까. 그건 절대로 안 됩니다. "주여, 저놈을 지옥에 확 처넣어버리세요." 이렇게 마음이 가기 쉽지요. 실제로 당해보니까 정말 안 되더라고요. 바로 그런 이유로 신앙이 있어야 한다고 생각합니다.

죽음 앞에서도 영혼이 흔들리지 않는 것이 영생이고 부활이라고 생각합니다. 육신은 죽어도 영혼은 영원히 살아남는 게 부활이지 않을까요? 제 생각엔 부활의 개념도 다시 정립되어야 하지 않을까 싶습니다. 예수님의 삶과 사랑, 부처님의 삶과 자비, 이런 게 신앙의 중심이 되어야 합니다. 나쁜 짓을 해놓고도 신에게 빌면 벌 받지 않는다는 허황된 이야기를 신앙의 중심으로 삼아서는 안 된다고 봅니다. 지구가 태양의 주위를 돌든 태양이 지구의 주위를 돌든, 그것이 예수님의 사랑과 무슨 관계가 있습니까? 그런데 그걸 신앙으로 받아들이니까 지구가 태양의 주위를 돈다고 하면 화형을 시키고 난리를 피웠잖아요. 그러다 보니 신앙이 비과학적이 되는 거예요.

신앙이야말로 과학을 넘어서는 이야기가 되어야 합니다. 그런 면에서 개신교든 천주교든 기독교의 위기를 맞이했다고 생각합니다. 그러면 이런 얘기를 하겠지요. 스님이 자기 불교나 잘 챙기지, 왜 남의 종교를 걱정하느냐고요. (웃음) 그건 지금의 신앙 형태로는 정말 어렵다는 거예요. 경제 성장기에 돈 벌고 출세할 때는 기도하면 잘된다는 얘기가 먹혀들었지만, 고성장에서 저성장으로 경기가 후퇴하고 사회적으로도 점점 투명해지고 있기 때문에 그런 논리로는 이성이 있는 젊은이들에게 가슴으로 다가갈 수가 없어요. 갈수록 고개를 돌릴 수밖에 없다는 겁니다. 하지만 저에겐 방황하는 영혼들을 구제할 답이 어느 정도 있어요. (웃음) 만약 제가 목사나 신부라면 성경에서 말하는 예수님의 삶과 헌신으로 우리가 어떻게 자유와 행복을 누릴 수 있는지 이야기하고 싶어요. '진리가 너희를 자유케 하리라'는 것을 정말 젊은이들이 느낄 수 있도록 다시 접근해야 하지 않을까 하는 것입니다. 그래야 앞으로 30년 뒤에 새로운 기독교를 꿈꿀 수 있지, 그렇지 않고 지금 이 상태가 계속된다면 분명 내리막길로 갈 거라고 예측합니다. 크기나 양이 문제가 아닌 거예요. 아직까지는 미국이 세계에서 제일 크지만 이제는 점점 지는 해가 되었잖습니까. 지금은 보이지 않아요. 30년 뒤에 가야 알 수 있어요.

오늘날 우리 사회의 핵심적인 문제를 보자면 남북 갈등과 남남 갈등의 해소, 중앙권력의 지방 분권화, 경제적 독점을 분산시키는 경제 민주화, 경쟁에서 뒤처진 약자를 보호하는 사회안전망 구축 등을 들 수 있습니다. 이런 문제들은 결국 통일사회를 준비해나가는 과정에서 우리가 풀어나가야 할 과제이기도 해요. 기독교적인 신앙이나 사상에서 이 문제들에 대한 답을 어떻게 내놓을 것이냐, 방황하는 젊은이들에게 어떤 방향을 제시할 것이냐를 고민해야 하지요. 하지만 이때 강원용 목사님을 그대로 본받는 방식은 이미 지났다고 봅니다. 그것은 7, 80년대의 과제를 그분이 가장 정확하게 진단했기 때문에 우리가 높이 평가하는 것입니다. 우리는 2010년대나 2020년대에 맞는 새로운 대안을 내놓아야 합니다. 그러려면 그분에 대해 연구해야 하고, 그렇게 연구를 해야 지금 시대에 맞는 대안을 내놓을 수 있다고 보는 것이지요. 기독교 밖에 있는 저 같은 사람도 강원용 목사님과 크리스찬아카데미 활동에서 좋은 점을 배우고 응용해서 답을 찾아나가는데, 여러분은 자기 것도 제대로 평가하지 못하고 응용하지 않는다면 소중한 재산을 놓치는 거라고 생각합니다.

강원용 목사님의 활동은 기독교 부흥의 원동력이었을 뿐만 아니라, 이웃 종교인 불교에도 영향을 미쳐 제대로 정신 차리게 하고, 또 한국사회에 영향을 미쳐 사회 문제에 눈뜨게 하고 다시 일어설 수 있도록 자극을 주었지요. 앞으로 여러분은 선교사나 목사님이 되실 텐데, 이런 소중한 자산을 꼭 계승해야 합니다. 이제는 우리의 기독교 역사도 100년이 넘었으니, 외국의 신학 이론이나 학자에 대해서만 연구할 것이 아니라 우리의 문제를 창조적으로 해결해온 분들에 대해 연구하고 그 성과를 계승 발전시켜야 합니다.

모방의 시대가 끝나고 창조의 시대로

서양을 모방하는 단계는 거의 끝나가고 있습니다. 지난 400년을 돌아보면 이 세계는 서양의 시대였습니다. 우리도 서양을 모방하면서 발전을 해나갔지요. 발전 모델이 있고, 그 모델을 따라가기만 하면 되었어요. 그래서 모든 교육이 모방이었습니다. 기독교는 서양의 경험으로부터 배웠기 때문에 앞서 간 것이고, 불교는 그런 경험이 없다 보니까 우왕좌왕했던 거예요. 하지만 이제 서양과의 격차가 5년 이내로 줄어들었어요. 지금은 미국에 유학하는 것이 큰 의미가 없어졌습니다. 옛날에는 30년 정도 격차가 나니까 유학을 하고 돌아오면 한 20년은 써먹을 수가 있었어요. 하지만 요새는 유학을 하고 돌아와도 국내 수준이 그만큼 도달해 있어서 써먹을 수가 없습니다.

이제 문제는 창조예요. 현실의 문제를 어떻게 풀어갈 것인지, 그 답을 찾아야 합니다. 기독교 신앙이 얼마나 깊으냐가 아니라, 고뇌를 겪고 있는 한 인간의 문제를 어떻게 해결할 것이냐를 두고 실력 대결을 해야 할 때가 왔다고 생각합니다. 일본도 모방 문화잖아요. 일본은 이미 20년 전에 서양과 비슷한 수준에 도달했지만 창조력이 없었기 때문에 그 한계에 걸려 20년 동안 정체되어 있다가 지금은 내리막길로 가고 있는 거예요. 우리도 이제 거의 한계에 도달했어요. 그에 비해 중국은 아직 격차가 나기 때문에 여전히 치고 올라오는 것이고요.

우리 사회가 앞으로 저성장과 정체, 후퇴의 길로 가지 않고, 이를 뚫고 나아가려면 우리 스스로 새롭게 만들어내야 합니다. 어디 가서 배워 오는 것으로는 안 됩니다. 모방을 하면 10개 중에 9개가 성공하지만, 창조를 하면 10개 중에 9개는 실패하고 1개만 성공해요. 그만큼 힘들다는 소리예요. 그러면 그것에 도전할 수 있게 젊은이들을 훈련시켰느냐? 그것도 안 되어 있어요. 그러니까 젊은이들이 모두 안정된 직업을 찾아 공무원만 되려고 하는 겁니다. 이걸 뚫고 나가야 하는데, 모방 시대의 일류 팀은 이 장애를 뚫고 나가지 못해요. 기득권을 버리지 못하기 때문이에요. 간혹 이류 팀이 뚫고 나갑니다. 이리 치이고 저리 치이던 이류 팀은 경쟁에서 살아남으려면 죽기 살기로 노력해야 하니까 창조를 할 수 있는 거예요.

정경화와 정명화 같은 분이나 삼성 기업은 서양의 모방이지요. 그런데 모방은 아무리 최첨단이라고 해도 새로운 것을 만들어낼 수가 없어요. 싸이의 「강남 스타일」은 이류 수준에서 몸부림치다가 나온 겁니다. 이것은 창조입니다. 모방이 아니에요. 어디에서 배워와서 만든 게 아니고 한국식으로 몸부림치다가 나왔어요. 이런 움직임이 체육과 예술 분야에서 막 일어나고 있잖아요. 이것이 주류 문화로 들어와서 영향을 끼쳐야 하는데, 워낙 모방 시스템에 눌려 있어서 쉽게 못 뚫고 나가는 겁니다.

신학도 모방 신학에서 벗어나 인간에 대한, 하나님에 대한, 성경에 대한 새로운 이해가 필요해졌다고 봅니다. 남이 해석해놓은 것을 베껴 쓰는 게 아니고, 새로운 시도와 새로운 실험을 통해 창조하는 시대가 왔어요. 베끼는 것 때문에 곤욕을 치르는 분들이 많지요? 그런데 누구 걸 보고 베꼈다고 밝혔든 안 밝혔든, 어쨌든 베낀 건 베낀 거잖아요. 창조를 하면 이런 곤욕을 치를 필요가 없습니다. 저같이 학위논문을 아예 안 쓰면 그런 불상사는 절대 일어날 일이 없지요. (웃음)

이제는 남의 것을 짜깁기해서 만든 학위가 아니라 자기가 직접 체험하고 실험하거나, 아니면 우리 사회에서 먼저 실험한 분들의 것을 가지고 분석해서 새로운 것을 만들어내야 합니다. 그래서 강원용 목사님의 삶과 사상이 여러분에게 소중한 연구 교재가 되고, 모델이 되면 좋겠다는 말씀을 꼭 드리고 싶은 겁니다. 사실 저는 굉장히 부럽습니다. 저는 기독교에 대한 것을 일부러 찾아보고 배우고 연구해야 하는데, 여러분에겐 그것이 이미 자산이 되어 있지 않습니까. 그에 대해 좀더 제대로 가치 평가를 했으면 좋겠다는 말씀을 드리며, 부족하나마 이것으로 마치겠습니다.

여해 강원용 목사와 종교문화

이강백

극작가 · 전 서울예술대학교 교수

1947년 전북 전주 출생. 1971년 『동아일보』 신춘문예에 희곡 「다섯」이 당선되어 극작 활동을 시작했다. 주요 작품으로 「내마」 「미술관에서의 혼돈과 정리」 「개뿔」 「쥬라기의 사람들」 「호모 세파라투스」 「봄날」 「동지섣달 꽃 본 듯이」 「유토피아를 먹고 잠들다」 「북어대가리」 「영월행 일기」 등이 있으며, 일곱 권의 『이강백 희곡전집』이 평민사에서 발간되었다.
크리스챤아카데미 문화 담당 간사를 지내고, 문예진흥원 부설 공연예술아카데미, 한양대 연극영화과, 중앙대 대학원, 한국예술종합학교 연극원 등을 거쳐 2004년 서울예술대학교 극작과 교수로 부임한 뒤 2013년에 정년 퇴임했다.
대산문학상, 서울극평가그룹상, 동아연극상, 대한민국문학상, 서울연극제희곡상, 백상예술대상희곡상 등 다수의 희곡상을 수상했다.

방금 소개받은 이강백입니다. 오늘 저에게 주어진 주제는 '여해 강원용 목사와 종교문화'입니다. 7개 분야로 나뉘어 매주 목요일 진행되는 강좌 중 하나인데, 다른 분들에게 주어진 과제는 범위도 확실하고 뚜렷한 주제가 강연 제목에 나타나 있어요. 예를 들어 박경서 박사님이 하셨던 「여해 강원용 목사와 세계 교회의 에큐메니컬 운동」, 또 안재웅 박사님이 하셨던 「강원용 목사와 아시아 교회의 에큐메니컬 운동」, 법륜 스님이 하셨던 「강원용 목사와 종교 간의 대화」 등은 주제와 범위가 분명합니다.

그에 반해 저에게 배정된 종교문화는 그 범위도 아주 넓고, 주제 또한 명확하지 않습니다. 저는 하나님께서 하시는 일이 늘 공정하기를 바라는데, 가끔은 저를 골탕 먹이려고 불공정한 일도 하시는 것 같습니다. (웃음)

종교, 문화, 그리고 종교문화

자 여러분, 종교문화 하면 무엇이 생각나십니까? '종교문화'를 붙여서 생각할 때와 '종교'와 '문화'를 분리해서 생각할 때, 그게 굉장히 다릅니다. 종교와 문화가 보완 관계인지 충돌 관계인지, 혹은 종속 관계인지 대등한 관계인지를 가늠하기 어렵기 때문입니다. 이를테면 문화인류학자들은 문화 속에 종교가 한 부분으로 들어 있다고 생각하죠. 그런가 하면 종교학자들은 그게 무슨 소리냐, 종교 안에 정치도 경제도 문화도 예술도 포함되어 있다고 생각합니다. 입장이나 관점에 따라서는 종교가 문화를 수용한다고 볼 수 있으며, 반대로 문화가 종교를 흡수한다고도 볼 수 있습니다. 더구나 종교와 문화가 이질적일 때에는 전쟁과 폭력이 발생합니다. 그래서 선교하러 갈 때 그곳의 문화 코드에 맞춰야 한다고 충고합니다. 그에 대해 바울 선생이 한 말씀이 성경에 있죠.

아무튼 종교문화라는 오늘의 주제는 어렵습니다. 세부적인 이야기로 들어가기 전에, 앞으로 이야기해나갈 세 가지 방향에 대해 간단히 말씀드리려고 합니다.

첫 번째로, 종교문화에 대한 몇 가지 흥미로운 사례를 들겠습니다. 저는 학자가 아닙니다. 저 개인의 체험이나 주관적인 생각을 말씀드려도 너그럽게 양해해주시기 바랍니다.

두 번째는, 강원용 목사님이 종교문화를 어떻게 생각하셨는지 살펴보겠습니다. 강 목사님은 간단히 규정해 말씀드리기가 어려운 분입니다. 아무튼 한국의 종교문화라는 틀 속에서 강원용 목사님이 어떤 생각을 하셨는지에 대해 제 나름대로 말씀드려볼까 합니다. 여해 강원용 목사님에 대한 이번 강좌를 모두 다 들어보신 분들은, 제 이야기가 무지개처럼 펼쳐진 어떤 스펙트럼의 한 부분으로 그분을 축소했다고 하실지도 모르겠습니다. 하지만 여러분이 그 광범위한 스펙트럼과 연결시켜 생각하실 거라 믿고, 목사님의 종교문화 부분에 대해 이야기하려고 합니다.

세 번째는, 여러분이 제일 관심 있어 하는 내용이 될지 모르겠는데요, 경동교회와 크리스챤아카데미라는 구체적인 현장에서 종교문화에 대한 강 목사님의 생각이 어떻게 실현되었는지를 말씀드리려고 합니다. 여기에서는 연극, 무용, 음악, 찬송가, 교회 건축, 절기 축제, 예배 형식 등이 거론될 것입니다.

한국문화라는 토양에 떨어진 종교의 씨앗들

자, 그럼 첫 번째 이야기를 시작하죠. 종교문화에 대한 이해를 돕기 위해 두 가지 사례를 들어보려고 합니다.

최근에 가톨릭 역사상 최초로 남미 국가 출신의 추기경이 교황으로 선출되셨죠? 가톨릭 신자가 아닌 저에게도 충격적인 일이었습니다. 더욱이 라틴아메리카의 가톨릭이 유럽의 정통 가톨릭과는 뭔가 다른 것 같다는 의구심을 가진 분들에게는 충격이 더 클 것입니다. 라틴아메리카의 문화적 배경, 잉카라든가 마야의 종교적 유산, 그 토양에 가톨릭이라는 씨앗이 떨어져서 성장했지요. 라틴아메리카를 직접 가보지 않아도 텔레비전이나 영화로 라틴아메리카의 가톨릭 행사인 거리 축제 같은 걸 보면 민속 신앙적 요소가 많이 수용되어 있어서 과연 저것이 가톨릭인가 하는 의구심이 듭니다. 아무튼 라틴아메리카 출신 교황의 탄생은 유럽 가톨릭 신자보다 비유럽 신자가 더 많다는 측면이 반영된 것입니다. 이 세상에서 가톨릭 신자가 제일 많은 곳이 라틴아메리카이고, 그곳에서 교황이 선출되었다는 것은 교세가 반영된 것일 수도 있겠지요. 지금 종교문화의 예를 들면서 교황 이야기가 나왔는데, 사실은 제가 가톨릭을 잘 몰라요. 다만, 라틴아메리카 문화에서 성장한 가톨릭과 유럽 문화의 가톨릭은 뭔가 다르다고 느껴집니다. 가톨릭에 대해 잘 모르는 사람은 더욱 그런 오해를 할 수 있겠습니다.

샤머니즘, 문주보살, 미륵보살

이번에는 우리나라의 예를 하나 들겠습니다. 불교가 우리나라에 들어온 것은 삼국 시대 때입니다. 개인적으로 미리 고백하지만, 저는 불교에 대한 반감은 전혀 없습니다. 오히려 절에 가면 마음이 아주 편안해집니다. 절에 가면 대웅전도 있고, 부처님을 모신 전각들이 있습니다. 그런데 어느 절에나 빠짐없이 있는 것이 산신각이에요. 산신각은 산신을 모신 집인데, 불교의 토착화 과정에서 한국문화와 융합된 것이라 할 수 있습니다. 우리나라의 기층문화랄까 집단 무의식 속에 들어 있는 샤머니즘은 예나 지금이나 강력합니다. 예를 들어 큰 바위를 향해 기도하면 영험한 효과가 있다고 믿지요. 또 호랑이를 산신으로 여기거나 높은 산을 신령으로 섬기는 샤머니즘이 불교 신앙에 스며들어 인도에는 전혀 없는 산신각이 우리나라에는 절마다 들어서게 된 것입니다.

그런가 하면 같은 불교라도 경상도 불교와 전라도 불교가 얼마나 다른지 저의 개인적인 체험을 바탕으로 얘기해보죠. 학문적인 차원은 아니고요. 경상도 불교는 호국 불교입니다. 불교가 나라를 지키고 다스리는 신앙이자 통치 이념이기 때문에 국가 재원을 투입하여 구리와 철로 불상을 웅장하게 만들었습니다. 그런데 전라도에 한번 가보세요. 백제가 멸망한 국가라서 호국 불교적 영향이 많이 사라진 것도 이유가 되겠지만, 대부분의 불상이 돌로 만들어졌고 크기도 작습니다.

그리고 경상도 불교가 관음보살과 문주보살을 모신다면, 전라도 불교에서는 미륵보살(미륵불)을 모십니다. 미륵보살은 미래에 오실 분, 잘못된 세상을 끝내려고 오시는 분이에요. 메시아적이지요. 그렇게 미래에 오실 분이라 얼굴 생김새가 구체적이지 않아요. 그래서 전라도 불상들은 가다듬지 않은 듯한 자연스러움이 특징입니다. 같은 불교라도 삼국을 통일한 신라의 불교에 나타나는 부처님의 모습과 패망한 백제 땅에 나타나는 부처님의 모습은 서로 다르죠. 왜

냐하면 패망한 나라인 전라도에 사는 백성들은 억압과 멸시를 받았습니다. 그들의 한 맺힌 마음이 메시아를 기다리는 신앙으로 부처님에게 투영된 것이지요. 빨리 오소서, 어서 오소서, 우리를 억압하고 냉대하고 멸시하는 세상이 끝나도록 어서 오소서 하는 마음이 전라도의 미륵보살에 투영되어 있는 겁니다.

메시아니즘으로서의 동학

제가 크리스챤아카데미 문화 담당 간사였을 때, 어떤 목사님이 저한테 이런 말씀을 하셨어요. 이 세상에서 군산 옥구 지역에 교회가 가장 많다, 1평방킬로미터당 교회가 가장 밀집한 지역으로 기네스북에 등재되어 있다고요. 저는 아직도 그 말이 잊히지 않아요. 거기엔 이유가 있습니다. 동학혁명 100주년 때 천도교 교령님이 100주년 기념으로 국립합창단에서 칸타타를 하려고 하는데 저에게 그 칸타타 가사를 써달라고 제안을 했어요. 국립합창단은 한국예술종합학교 음악원의 이건용 교수에게 작곡을 의뢰했으니, 둘이 잘 의논해보라고요. 이건용 교수나 저나 기독교인이니까 동학에 대해 제대로 알아야 칸타타를 쓰겠다 싶어서, 마침 유홍준 선생이 해설을 맡은 단체 순례에 우리 둘도 참가하여 동학군이 처음 봉기했던 곳에서부터 전멸한 곳까지 유적지를 순례한 적이 있습니다. 4박 5일 일정으로 여기저기 다니면서 느낀 것은 전라도 땅에 유난히 교회가 많다는 것입니다.

동학혁명은 제일 먼저 경상도에서 일어났지만, 전라도에 오면서 마치 들불처럼 번졌어요. 그건 전라도의 특성 때문에 그래요. 메시아를 기다리던 곳이었는데, 몇백 년을 기다려도 미륵보살이 안 오셨던 거지요.

고창에 가면 선운사라는 유명한 절이 있습니다. 선운사로 가는 길에 절벽이 있어요. 마애불이라고 해서 절벽에 부처님을 조각했는데, 배꼽에 해당되는 부분에 서랍이 하나 있었어요. 지금은 그 서랍이 빠져서 배꼽 부분이 텅 비어 있죠. 그런데 그 서랍을 빼면 조선이 망한다, 고통스런 세상이 끝나고 새로운 세상이 된다는 소문이 퍼져 있었습니다. 단, 그 서랍을 빼는 자는 벼락을 맞아 즉사한다고 했지요. 그러니까 터부가 붙어 있는 거예요. 서랍을 빼면 새로운 나라가 오는데, 그걸 빼는 자는 벼락을 맞아 죽는다는 터부 말입니다.

동학교도들은 동학을 빨리 전파시키기 위해 아주 매혹적인 선교활동을 했습니다. 그게 뭐냐 하면, 동학교도가 되면 총을 맞아도 죽지 않고 물 위를 걸어 다닐 수 있다는 거지요. 그래서 전라도에 동학교도가 엄청나게 늘어났습니다. 이렇게 되면서 터부가 깨진 겁니다. 벼락을 쳐도 동학을 믿는 사람은 죽지 않을 테니 마애불의 배꼽 서랍을 열어라. 마침내 농민들이 동학교도를 데리고 와서 사다리를 놓고 올라가 서랍을 빼게 했어요. 여러분도 잘 아실 겁니다. 그 동학교도가 바로 전봉준이에요. 전봉준은 서랍을 뺐지만 죽지 않았어요. 그런데 사실 그 서랍 안에는 마애불을 조성할 때 기부금을 냈던 기부자들의 이름이 적혀 있을 뿐이었어요. 그런 시시한 물건이 들어 있었다는 게 전해지면 새 세상을 기다리는 사람들에겐 엄청난 실망이겠지요. 전봉준은 그게 동학교 확장에 찬물을 끼얹으리라 판단하고 그걸 들고는 달아나버렸어요. 그러자 고창을 다스리던 고부 군수가 그 서랍을 뺀 사람을 잡아오라고 동학교도들을 잡아다가 매질을 했습니다. 그러자 이에 분노한 농민들이 고부 관청으로 쳐들어갑니다. 그것이 동학혁명의 들불이 타오르게 된 시작입니다.

고창, 옥구, 만경, 김제 등 동학군이 지나간 곳곳마다 이제는 교회당이 서 있었는데, 그 교회당 십자가에 매달려 계신 분은 예수님이죠. 그러나 처음에는 미륵불이 매달려 있었고, 그다음엔 전봉준이 매달려 있었고, 지금은 예수님이 매달려 있는 겁니다. 새 하늘과 새 땅이 오지 않으면, 기독교에 대한 실망과 좌절에 의해서 십자가에 매달린 예수님은 끌어내려질 거예요. 그리고 메시아 역할을 할 다른 분이 거기에 매달리겠죠. 메시아니즘이라는 게 유대 땅에만 있는 것이 아닙니다. 우리 문화 속에도 오래전부터 자생하고 있었습니다.

기독교, 한국문화와의 충돌

자, 그러면 기독교는 어땠는가? 먼저 천주교부터 짤막하게 이야기해보죠. 서학을 믿는 사람은 죽여라. 한국문화와 기독교의 첫 만남은 타협점 없는 충돌이었죠. 이 자리에서 제가 가톨릭의 박해에 대해선 따로 이야기하지 않겠습니다. 다만, 가톨릭은 이질적인 서양 종교와 한국문화가 충돌을 일으킬 거라는 사실을 모르지 않았다는 겁니다. 그래서 선교의 방법으로 찬송가를 우리 전통 가락으로 만들었어요. 누구나 쉽게 읊조릴 수 있도록요. 선종가라든지 심판가는 지금도 그 자료가 남아 있는데, 듣고 있으면 염불 외듯 사사조(四四調)로 되어 있어요.

또 가톨릭에서는 여호와, 야훼를 천주님이라고 하죠. 가톨릭의 한국식 명칭이 천주교인데, 한국 사람에게는 천주의 이미지가 옥황상제와 참 유사해요. 바울 선생이 그랬죠. 예수님을 설명하는데 그리스 사람들이 못 알아듣습니다. 이른바 유대적인, 히브리적인 것과 헬라적인 문명이 충돌하는 거죠. 그럼 어떻게 해야 하느냐? 예수님을 헬라적 코드에 맞춰서 설명했듯이, 가톨릭도 한국문화에 맞추려는 노력이 있었죠. 믿다가 발각되면 죽는 거잖아요. 전도하러 온 서양 신부님뿐 아니라 그걸 믿는 백성도 일족이 멸하게 됩니다. 그래서 그 충돌을 줄이려고 가톨릭은 무척 애를 씁니다. 물론 그러한 노력을 했음에도 불구하고 엄청난 박해를 당했지만요.

개신교는 어땠나요? 개신교는 가톨릭보다 상당히 늦게 우리나라에 들어왔습니다. 대한제국 멸망기였죠. 그래서 나라가 멸망하는 것은 뭐랄까, 낡은 것을 혁파하지 않고는 도저히 독립 국가를 이룰 수 없다는 컨센서스(consensus)가 지식층에는 이루어져 있었습니다. 즉, 구국 운동이라든가 주권 회복, 사회 개혁 등의 컨센서스가 이루어졌을 때 개신교가 들어오게 되어 많은 이점이 있었지요. 그러니까 가톨릭이 박해를 받았던 것과 달리, 오히려 개신교를 믿어야 나라를 구할 수 있다는 계몽사상의 아이템으로까지 받아들여지면서 뿌리를 내릴 수 있었던 겁니다. 그렇게 기대가 컸던 개신교는 3·1 독립운동의 좌절과 실패로 타격을 받습니다. 그러면서 외국의 선교사들과 조선총독부 사이의 담합이랄까, 타협에 의해 개신교는 현실 문제를 외면합니다. 그것이 일제 총독부의 종교 정책이었습니다. 피안의 세계, 요단 강 건너의 세계는 너희에게 일임할 테니, 요단 강 이쪽 세계에 대해서는 직접 터치하지 말라. 이래서 기독교가 생존하게 되죠. 너무 심하게 얘기했나요? 절대 그렇게만 볼 수 없어요. (웃음) 기독교가 이 세상을 구하리라는 믿음은 미륵불에 대한 믿음만큼이나 강한 것이었습니다.

어떤 통계 자료를 보니까, 해방 후 1949년 개신교인의 숫자가 한국 전체 인구의 1퍼센트밖에 안 된다고 해요. 일제강점기에도 개신교의 교세가 크고, 국민 대부분이 개신교에 대한 기대가 컸다고 하는 건 외견상으로 보이는 사실과 다릅니다. 아무튼 1949년에 전체 한국 인구의 1퍼센트밖에 안 되었는데, 지금은 어떻습니까? 30만 명 신도를 거느린 대형 교회도 있고요, 한국 국민 3명 중 1명이 개신교를 믿고 있습니다. 아니, 2명 중 1명이라는 주장도 있어요. 이런 가운데 강원용 목사님이 한국문화와 기독교를 어떻게 보았으며, 그 속에서 어떤 고민을 했는지에 대해 이야기해보도록 하겠습니다.

한국문화와 삼위일체 신앙으로서의 개신교

강원용 목사님은 한국문화와 기독교를 어떻게 보았을까? 한국문화 속에서 개신교는 어떤 변화를 일으켰을까? 유럽의 개신교가 원조라고 가정했을 때 그들의 눈에 한국의 개신교는 어떻게 보일까? 우리가 라틴아메리카의 가톨릭을 보면서 진짜 가톨릭이냐고 하듯이, 한국 교회를 보고 진짜 개신교가 맞나 할지도 모릅니다.

개신교가 한국문화 속에 들어와서 어떻게 달라졌을까? 그에 대해 강원용 목사님은 세 가지 유형이 있다고 보았습니다. 목사님은 늘 삼위일체 신앙(신학)을 말씀하셨어요. 왜 그렇게 말씀하셨을까요? 개신교가 한국의 유교문화와 융합되면서 하나님 아버지만을 신앙하는 측면이 있기 때문입니다. 아버지는 아무 잘못이 없다, 아버지에게 대들면 절대로 안 된다고 합니다. 인간관계도 수평적이지 않고 수직적이에요. 엄격한 가부장적 질서 속에서 삼위일체의 기독교가 아버지 하나님으로 기울어지게 된 겁니다. 아버지란 심판자죠. 모든 능력을 가지고 있고, 옳고 그름을 심판해주는 심판자예요. 보수적인 교회에서는 성부가 중요하지, 성자와 성령은 성부만큼 중요하지 않습니다. 한편으로는 미국에서 들어오는 보수주의 신학이 그런 영향을 강화시켜서 보수적인 교회가 많아졌습니다. 또 다른 측면에서는 기층문화로서의 샤머니즘에 복음주의(evangelism)가 접목되면서 성령을 강조하는 교회가 급속히 팽창합니다. 샤머니즘이라는 게 어때요? 한을 달래주고 포용성이 있고 이성적이기보다는 감성적이고 따뜻합니다. 아니, 따뜻한 정도를 넘어 뜨겁습니다. '뜨겁게 믿어라. 그리하면 모든 것이 다 이루어진다.' 여기서는 성부 성자가 밀려나고 성령이 중심에 자리합니다.

첫 번째 유형은 성부 중심이고, 두 번째 유형은 성령 중심입니다. 그리고 세 번째 유형도 있습니다. 세 번째는 폭넓은 의미에서 문화겠지만, 어떻게 보면 민중 정서라고도 할 수 있죠. 앞에서 제가 전라도 교회에서 십자가에 매달려 있는 미륵보살을 보고 전봉준을 보았다고 했듯이, 한국인의 정서 속에는 한 맺힘이 있습니다. 메시아를 기다리는 것, 세상이 점점 나아지기를 기대했다가 실망한 백성들이 점진적인 개혁이 아니라 급진적인 혁명을 원합니다. 여기에는 이른바 라틴아메리카에서 온 해방신학, 민중신학이 지대한 영향을 주었습니다. 성자 중심의 교회는 착취당한 노동자와 빈민 계층의 문제를 해결하기 위해 혁명가로서의 예수를 내세웁니다. 말구유에서 가난하게 태어나셨다가 고난을 당하고 정치범으로 십자가에서 돌아가신 예수, 이게 성자 중심의 교회입니다. 이렇게 세 갈래로 나눠진 개신교는 성부, 성자, 성령이 삼위일체라고 할 수 없습니다. 강원용 목사님이 늘 삼위일체 신앙을 강조하신 것은 한국문화와 융합되어 나타난 분열의 모습을 보았기 때문입니다.

성부 하나님이 텍스트라면, 성자 예수님은 콘텍스트다

강원용 목사님은 이게 한국만의 특성이 아니라고 생각하셨습니다. 목사님은 WCC 중앙위원으로 활동하셨어요. 스위스 제네바에 WCC 본부가 있지만 총회는 세계 각국에서 열립니다. 그리고 세계 여러 곳에서 각종 회의가 열리기 때문에 미수교국이었던 소련에도 여러 번 갔다 오셨고, 그때마다 러시아 동방정교회 예배도 참석하셨지요. 러시아 동방정교회에서는 서너 시간 동안 일어서서 예배를 드리는데 강 목사님은 무릎이 약해 오래 서 있는 게 힘드셨다고 해요. 그런가 하면 동유럽과 사회주의 국가들의 교회에도 많이 갔다 오셨어요. 공산당이라는 1당 독재국가에서, 이미 종교를 아편이라고 낙인찍은 국가에서 교회가 어떻게 존속될 수 있는지에 대한 의문을 누구나 가졌던 때입니다.

그런데 강 목사님이 직접 가서 보니까 예배 속에 텍스트만 있지 콘텍스트가 없었다는 겁니다. 오늘날의 상황에 맞게 성경을 번역해서 그것을 살아 있는 하나님 말씀으로 증언하는 것이 아니라 텍스트만 있다, 그러니까 현실에 대한 증언이 없다는 것이지요. 성부 하나님이 텍스트라면, 성자 예수님은 콘텍스트예요. 이렇게 말하면 잘못됐나요? 아니, 이렇게 말할 수도 있어요. 영원하신 하나님을 오늘의 시간 속에 표현하려면 텍스트 그 자체만으로는 못 살려내죠. 이러한 전통이 기독교에는 살아 있어야 하는데 동유럽의 공산

국가에는 바로 그 콘텍스트가 없었다는 것입니다.

예를 들면 이렇습니다. 로마제국의 빌라도 총독이 이스라엘을 다스리던 때, 정치와 종교는 엄격하게 분리되어 있었죠. 그리고 그때 유대인들의 텍스트는 구약성경입니다. 그러나 텍스트로는 하나님의 현존을 알기 어렵습니다. 그래서 성자 예수님이 땅으로 내려와 하늘나라는 이렇다, 하나님은 이런 분이다, 라고 텍스트를 콘텍스트로 번역해서 증언한 거죠. 그것이 신약성경입니다. 우리는 그것을 본보기로 삼아야 합니다. 구약성경이든 신약성경이든 현재의 상황 속에서 번역과 증언이 이루어져야 한다는 것입니다.

삼위일체 신앙의 균형과 조화가 진정한 교회 갱신이다

강원용 목사님이 보신 서유럽 교회는 어떤가요? 루터와 칼뱅이 교회를 개혁하면서 가톨릭이 갖고 있었던 번잡함을 단순화시켜 남긴 것이 성찬식, 세례, 설교입니다. 그런데 설교는 입으로 하는 것입니다. 그리고 듣는 사람은 귀로 듣습니다. 이렇게 되니까 예배에 몸 전체가 참여할 여지가 없습니다. 결국 예배가 냉랭해지는 거예요. 여러분, 유럽에 가보세요. 일요일에 교회를 가보면 정말 몇 사람 안 나와요. 가톨릭도 그렇고, 개신교도 마찬가지입니다. 특별한 날이 아니면 사람들이 오지 않습니다. 그런 현상은 미국의 남부교회, 성령 중심 교회의 목사가 보면 서구 교회는 성령이 부족하다고 할 거예요. 춤추고 노래하면서 예배가 후끈하게 달아올라야 사람들이 몰려올 테니까요. 물론 강 목사님이 서구 교회는 성령이 부족하다고 직접 말씀하신 것은 아니에요. 오해 없길 바랍니다. 하지만 진정한 예배는 몸 전체로 드려야 한다는 말씀은 늘 하셨어요.

강 목사님은 라틴아메리카 교회들도 보셨고, 성자 예수와 혁명가 체 게바라가 혼동되는 것을 목격하셨습니다. 예수는 우리에게 사랑을 가르치셨는데, 사랑이 없는 기독교는 어떤 종교일까요? 함석헌 선생이 이런 말씀을 하셨습니다. 분단된 우리나라 문제를 해결하면, 전 세계의 문제를 해결할 수 있다고요. 강원용 목사님도 분명히 같은 생각을 하셨습니다. 성부, 성자, 성령이 분열된 우리나라 교회 문제를 해결하면, 전 세계의 교회 문제도 해결할 수 있습니다. 강 목사님은 그 해결로서 삼위일체 신앙(신학)을 제시하신 것입니다. 불균형을 균형 있게 맞추어 조화를 이루자, 그것이 진정한 교회 갱신이다, 라고 생각하셨고, 또 행동하셨습니다.

중간집단 교육에서의 봉산탈춤, 노래, 애찬식

이제 강원용 목사님의 현장 이야기를 해보죠. 크리스찬아카데미와 경동교회에 대해서요. 제가 오늘 강사로 초빙된 이유가 아마 크리스찬아카데미 간사를 했다는 것과 경동교회 집사를 오래 했기 때문이 아닐까 싶습니다. 강 목사님이 하신 일 중에 크리스찬아카데미의 중간집단 교육이 있어요. 산업사회, 교회사회, 농촌사회, 여성사회, 청년사회 등 다섯 분야의 중간집단 교육은 우리 사회의 갈등이 첨예하게 대립된 곳에서 그것을 해소하려는 방안이었습니다.

중간집단 교육을 잘 모르는 사람들은 중간에서 뭘 하자는 거냐, 중간이란 이것도 저것도 아닌 회색지대, 이것도 피하고 저것도 피하는 무풍지대, 갈등이 없는 평온지대라고 오해할 것입니다. 그러나 그곳은 전쟁터의 한가운데죠. 온갖 갈등과 충돌이 벌어지는 곳입니다. 크리스찬아카데미의 중간집단 교육은 바로 그곳에서 균형과 조화를 이루려는 사람들을 길러냈던 것입니다.

크리스찬아카데미의 중간집단 교육 프로그램에서는 반드시 공통적으로 들어가는 세 가지가 있어요. 그중 하나가 봉산탈춤인데, 단순히 교육에 전통문화를 접목시킨 게 아니에요. 원래 봉산탈춤은 양반과 부자들이 돈을 모아 상놈들을 위해 하루 동안 축제를 열어주는 거예요. 축제 때 사용했던 탈은 탈춤이 끝나면 옷이랑 해서 모두 불태워야 했어요. 봉산탈춤을 보면 종들이 양반을 정말 많이 희화화시켜요. 양반이 "말뚝아, 말뚝아!" 하고 부르면서 "너 어디 갔다 왔니?" 물어보면 양반 어머니와 성관계를 하고 왔다는 말을 천연덕스럽게 합니다. 그것이 양반 사회에 대해 쌓이고 쌓인 억압을 풀어줄 뿐만 아니라 왕의 씨앗, 양반의 씨앗, 종의 씨앗이 따로 있지 않다, 인간은 평등하다는 것을 실감나게 말해주지요. 중간집단 교육은 봉산탈춤을 통해서 공동체랄까, 모두 다 평등하다는 파토스를 경험하게 했던 거예요.

그리고 『내일을 위한 노래집』에 실려 있던 노래를 불렀어요. 크리스챤아카데미 사건으로 이우재, 한명숙, 김세균, 황한식, 신인령, 장상환 등 6명의 간사가 반공법 위반으로 구속당했는데, 그 사건은 이 노래집의 영향도 있어요. 『내일을 위한 노래집』에는 유신 치하에서 부르지 말라는 금지곡이 상당수 들어 있거든요. 『내일을 위한 노래집』은 예술가적 기질이 풍부한 김문환 간사가 오늘의 우리를 대변할 수 있는 국내외 노래들을 모아서 만든 것입니다. 크리스챤아카데미 중간집단 교육에서 금지곡을 부른다는 게 중앙정보부에 들어갔고, 그래서 그 노래집을 사용하지 말라는 경고를 중앙정보부로부터 받게 되었지요. 하지만 강 목사님은 그 경고를 따르지 않았어요.

그리고 애찬식이라는 게 있었어요. 애찬식은 성찬식과 다릅니다. 기독교를 믿고 세례를 받은 자가 참여할 수 있는 게 성찬식이라면, 애찬식은 타 종교인이나 무종교인도 참여할 수 있어요. 식빵과 포도주를 나누는 것이지만, 그 안에는 똑같은 걸 먹고 한 몸이 된다는 의미가 담겨 있습니다.

이건 저의 사담인데요, 뉴욕을 중심으로 활동했던 극단 중에 '빵과 인형극단(Bread and Puppet Theatre)'(단장은 피터 슈만)이 있습니다. 그들은 마리오네트나 손가락에 끼는 조그만 인형이 아니라 대형 인형을 장대에 매달아 움직입니다. 또 그들은 극장에서 공연하는 것이 아니라 대로변이나 광장에서 공연을 합니다. 그 극단이 우리나라에도 왔었어요. 국립극장 주차장과 넓은 공터에서 공연을 했는데, 콜럼버스가 탄 거대한 배에 스페인 군인들과 신부들이 함께 타고 들어오는 장면이 아주 압도적이었어요. 콜럼버스를 문명의 전파자로 그리는 게 아니라, 아메리카 대륙의 자연을 얼마나 파괴했는지, 남북 아메리카의 자연환경이 어떻게 훼손되었고, 또 그곳에서 살았던 인디언들이 어떻게 내몰리게 되었는지를 인형극으로 보여줍니다. 정말 전율이 느껴졌어요. 그리고 마지막에는 공연 현장에서 직접 구운 빵을 모든 관객이 먹도록 나눠주는데, 굉장한 감동을 받았어요. 이것이 애찬식인 거죠. 유감스럽게도 그 극단은 지금 활동하지 않습니다.

갑자기 '빵과 인형극단' 얘기를 왜 했는지, 그 이유를 아시겠죠? 중간집단 교육에서 했던 봉산탈춤, 『내일을 위한 노래집』, 애찬식이 어떤 것인지 그 느낌이 전해졌을 겁니다. 중간집단 교육 프로그램이 끝나고 참가자들에게 제일 좋았던 것이 무엇이냐고 말해달라고 하면 봉산탈춤, 노래, 애찬식, 이 세 가지가 꼭 나옵니다.

한국적 찬송가 만들기

강원용 목사님이 WCC 중앙위원으로 활동하시면서 큰 충격을 받은 게 하나 있습니다. WCC에서 전 세계 교회가 활용하도록 찬송가 책을 편찬했는데, 우리나라 사람이 작사 작곡한 곡은 단 두 편밖에 없었던 거예요. 그런데 재판을 찍을 때 이 두 편마저 빠져버렸어요. 그래서 강 목사님이 직접 담당자를 만나서 빠진 이유를 물었더니, 한국 사람이 작사 작곡을 했지만 음악이 서양 음악 같아서 뺐다는 겁니다. 강 목사님은 엄청난 충격을 받았지요. 그래서 그 뒤로 한국적인 찬송가 만들기에 굉장히 애를 쓰셨어요. 한국적인 찬송가가 있어야 한다고 역설하면, 그럼 장타령 같은 것에 가사를 붙여야 하느냐는 식으로 오해도 많이 받으셨죠.

크리스찬아카데미 연구위원회 중에는 예배음악연구위원회(위원장은 최시원 연세대 교회음악학과 교수)가 있습니다. 이건용, 이영주, 나인용, 이문순 등이 작곡가로 참여했고, 작사가로는 함혜련, 임성숙, 박화목, 고진숙 등 시인이 많이 참여했어요. 이 연구위원회는 '아시아예배음악연구원'과 협동하여 『한국의 새 예배 찬송가(New Korean Hymns)』를 국영문 합본으로 발간했습니다. 모두 새로 작곡한 12곡의 찬송가가 수록되었는데, 우리나라는 물론 세계 각국에 보급할 목적으로 만든 겁니다.

그런데 묘하게도 한국 교회에서는 한국적으로 만든 찬송가는 성스럽지 못하다는 고정관념이 있어요. 뭔가 성스러우려면 서양식 찬송가를 불러야 한다는 고정관념이 너무 두텁습니다. 강 목사님이 참 안타까워하셨지요. 목사님은 한국찬송가공회가 펴낸 『찬송가』 뒤에 새로 작곡한 찬송가와 국내외의 찬송가를 새로 추가한 『경동찬송가』를 합본해서 예배 때 사용하는 것으로 그 아쉬움을 달래셨습니다.

온몸으로 드리는 예배,
축제를 통한 하나님과의 만남

자, 이제 경동교회 이야기로 넘어갑니다. 강 목사님이 1974년에 추수감사절을 추석날에 올리자고 폭탄선언을 했죠. 경동교회 교인들은 당연히 올 게 왔다는 호의적인 반응이었지만, 다른 교회들은 처음에는 호응하지 않았어요. 하지만 생각해보세요. 한국 교회에서 지키고 있는 추수감사절은 미국의 추수감사절입니다. 영국의 청교도들이 박해를 피해서 보스턴 지역으로 이민 와서 처음 거둔 곡식으로 감사를 드린 날이에요. 캐나다도 그렇고 유럽도 그렇고, 추수감사절이 같은 날이 아닙니다. 유독 한국만 미국의 추수감사절을 그대로 따라서 지키는 거지요. 그것을 몰랐을 때에야 기독교의 추수감사절은 그날이겠구나 하겠지만, 강 목사님처럼 세계 각국의 교회 사정을 잘 아는 분에게는 그게 참 이상한 거였죠. 미국의 추수감사절을 우리나라도 똑같이 지내야 할 이유가 없는 것이니까요. 햇곡식과 햇과일을 서로 나누어 먹고 기뻐하는 날이 추석인데, 그럼 추석이 한국 교회의 추수감사절이 되어야 한다고 주장하신 강 목사님의 견해는 아주 타당한 거지요. 지금은 여러 교회가 호응하고 있습니다.

그런가 하면 날짜만 추석으로 옮긴 게 아니라 추수감사절 밤에 축제를 벌였습니다. 지금과 달리 옛 경동교회 예배석은 벤치 식으로 되어 있어서 의자를 들어내면 평평한 바닥이 됩니다. 그래서 거기에 멍석을 깔고 신명 나게 징 치고 꽹과리 치고 나팔 불고 하면서 마당놀이와 탈춤 같은 걸 했어요. 장로님과 집사님, 평신도, 목사님들도 한데 어우러지고요. 탈춤이나 마당놀이는 관객과 배우가 따로 있는 게 아닙니다. 서로 어우러져서 강강술래 같은 춤도 추지요. 이런 일이 추석날 밤 경동교회에서 벌어졌어요. 이게 단순히 전통문화와 기독교를 접목시킨 것일까요? 삼위일체의 신학(신앙), 이것을 교회 공동체 안에서 구체화하는 데 더 큰 목적이 있었다는 것이죠. 축제의 중요성, 서구 교회들이 입과 귀만 남기고 추방해버린 인간의 팔과 다리, 온몸으로 드리는 예배를 구체적으로 보여주는 것이 강 목사님의 의도였습니다.

1975년, 강 목사님은 추수감사절 설교를 이렇게 시작합니다.

> 우리 교회는 작년부터 추석을 추수감사절로, 그리고 저녁에 거행되는 축제를 민속적 형식으로 치르고 있다. 이에 대한 많은 반대에도 불구하고 나는 오히려 이런 축제가 좀더 일찍, 그리고 좀더 많이 있었더라면 좋았을 것이라고 생각한다.

그러면서 강 목사님은 하나님 앞에서의 축제를 통해 우리가 무엇을 얻을 수 있는지 질문하고, 다음과 같은 답을 들려주십니다.

> 첫째, 축제는 하나님에 대한 감사와 찬양을 통해 하나님을 만나게 한다. 예배는 교인을 죄의식의 동굴 속에 몰아넣는 것이 아니라,

그리스도를 통해 하나님으로부터 죄 사함을 받는 것이며, 해방 받는 자의 기쁨을 누릴 수 있게 하는 것이다. 둘째, 축제는 인간성의 회복이다. 특히 감수성, 육감, 통찰력을 밝혀주어 하나님이 창조한 세계에 가득 차 있는 신비, 아름다움, 리듬 등을 온몸으로 느낄 수 있게 함으로써 인생의 권태, 무관심, 무감각, 일상성으로부터 우리를 구원한다. 셋째, 축제는 공동체의 형성이다. 축제는 설교, 기도, 음악, 미술, 연극, 무용, 먹는 것이 따로따로가 아니라 한데 어울려 있는 것이다. 그리고 하는 사람과 보는 사람이 따로 있는 것이 아니라, 전체가 하나로 참여한다. 여기서 진정한 하나라는 공동체가 형성되며 진정한 사회의식과 역사의식이 형성될 수 있는 바탕이 마련된다.

강 목사님은 축제를 고난절, 부활절, 추수감사절, 성탄절, 교회 창립 기념일 등으로 확대해나갔습니다. 축제 형식은 다양합니다. 아까 말씀드렸듯이 추수감사절에는 해마다 전통 연희적인 마당놀이와 탈춤 공연을 했고, 고난절에는 예수의 수난을 주제로 한 음악회를, 부활절과 교회 창립 기념일, 성탄절에는 연극 공연을 했습니다. 물론 뮤지컬과 무용 공연도 했고, 영상과 낭송으로 이루어진 독특한 공연도 했지요. 외국 작품을 번역한 공연도 있었지만, 새롭게 창작한 작품이 더 많았습니다. 그래서 개신교인들뿐 아니라 일반 예술인들도 경동교회의 축제 행사에 주목하게 되었습니다. 종교문화의 대표적인 사례로 본 것입니다.

손진책, 윤호진, 심회만, 양정현 등의 연출가들이 경동교회 축제에 참여했고, 극작가 장소현과 저 그리고 조광화 등이 대본을 썼습니다. 무용가로는 육완순, 이정희, 박명숙, 남정호 등이 참여했고, 음악가로는 나영수, 박수길 외에 많은 성악가가 참여했어요. 기획자로는 김문환의 역할이 컸습니다. 경동교회의 축제 행사가 한국 종교문화의 대표적인 사례가 될 수 있었던 것은 그 내용과 형식이 기존과는 달리 아주 새로웠기 때문이지요. 예를 들자면 우리가 흔히 보는 교회 연극은 고대 이스라엘 복장을 하고 예수 탄생이라든가 동방박사의 등장 같은 고정화된 장면을 재현하는 것이었습니다. 그러나 그것은 먼 옛 시대의 사건과 인물처럼 느껴질 뿐, 현시대의 사건과 인물이 될 수는 없지요.

「살았다!」「가스펠」 같은 젊은이들의 생명력 넘치는 음악과 춤이 어우러진 뮤지컬이 있는가 하면, 「예수 재판」「도마의 증언」처럼 이성적으로 차분하게 생각하고 판단하게 하는 작품도 있고, 「신창세기」 같은 성경의 텍스트와 우리의 콘텍스트를 대조해가면서 부활을 오늘의 사건으로 표현한 작품도 있습니다. 「드고아에서 온 사람」「어느 포도원 이야기」「씨 뿌려 90년」「항해 40년」 등 각각 독특한 개성과 형식을 가진 50여 작품이 경동교회의 축제 행사에서 공연되었습니다. 그중에 9편의 작품을 골라서 교회 절기를 위한 대본집 『교회와 축제』(종로서적)를 출간했지요.

「어둠 속의 예배」「십자가에서의 칠언」 같은 음악회도 축제 행사에 많이 들어 있었습니다. 성가대 합창과 다채로운 조명과 시 낭송이 어우러진 「빛과 말씀」도 있었고, 역시 성가대 합창과 슬라이드

영상의 「오버아머가우 수난극」도 기억에 강하게 남아서 잊히지 않습니다. 이런 다양한 음악회와 무용 공연을 합치면 공연 수효는 대폭 늘어납니다.

또 하나 잊을 수 없는 사건이 있습니다. 그 당시로서는 파격적이었지요. 윤형주, 송창식 등 이른바 대중가수가 경동교회에 와서 노래를 했습니다. 교회 강대상이 놓여 있는 곳은 성스러운 장소여서 오직 설교하는 목사님만 올라가는 곳입니다. 어느 교회는 장로님도 못 올라가요. 그런데 그곳에서 대중가수가 노래를 부른 것입니다. 또 하나, 설치미술가 최재은의 작품도 기억에 남아 있습니다. 경동교회 건물을 대나무 설치 작품으로 뒤덮은 것인데, 그런 시도는 경동교회가 아니면 못 했을 겁니다.

기도하는 형상과 마음을 담은 축제의 공간, 경동교회

시간이 없으니까 경동교회 건축 얘기로 넘어가겠습니다. 강 목사님과 건축가 김수근 선생, 두 분이 아주 독창적인 교회 건물을 창조해냈어요. 보통은 본당으로 들어가는 정문이 길 앞에 바로 있게 마련인데, 경동교회는 교회 안으로 들어가는 문을 뒤쪽에 냈어요. 골고다 언덕이죠. (웃음) 세상에서 교회로 들어갈 때 십자가를 지고 골고다를 올라가신 예수님을 생각할 시간과 공간을 만든 거예요.

경동교회 정문으로 들어가려면 빠른 걸음으로 걸어갈 수 없습니다. 골고다 언덕은 수많은 계단으로 되어 있어서 천천히 걸어서 올라가야 합니다. 요즘 명상하면서 느리게 걷는 게 유행인데, 경동교회 건물을 건축할 때 이미 그것을 염두에 두었다니 정말 놀랍지요? (웃음) 교회 안으로 들어가면 초대교회의 지하 묘지가 연상된다는 사람도 있고, 노아의 방주 안에 들어온 것 같다는 사람도 있습니다. 창문이 없어서 그럴 거예요. 정말 독특한 건물입니다. 기둥도 없습니다. 건물의 무게를 어떻게 지탱하고 있을까요? 가만히 살펴보면 배의 용골처럼 천장을 받치는 기둥이 수직이 아닌 수평으로 가로질러서 벽과 연결되어 있습니다. 이 수평 기둥과 벽이 건물의 무게를 분산해서 감당하는 독특한 설계입니다. 그리고 김수근 선생은, 기도할 때 두 손을 모은 형상과 마음을 건축하고 싶었다는 말씀을 하셨습니다. 경동교회를 멀리서 보면, 마치 두 손을 모은 것처럼 보입니다.

또 하나의 특징은, 옥상에 해당하는 윗부분이 고대 희랍 극장처럼 되어 있다는 것입니다. 고대 희랍 극장에는 지붕이 없어요. 그래서 낮에는 태양과 구름이 보이고, 밤에는 달과 별이 보입니다. 야외에서나 볼 수 있는 그런 하늘을 건물 위의 극장에 앉은 관객은 보는 거죠. 경동교회의 축제 행사를 염두에 두고 설계한 것입니다.

그런데 문제가 생겼어요. 밤이 되면 데이트하는 청춘남녀가 교회 옥상의 열려 있는 공간으로 올라가서 희랍 극장에 온 것 같은 분위기를 즐기는 거예요. 그뿐만이 아닙니다. 취객이 술병을 들고 올라가고, 노숙자는 잠을 자러 올라갑니다. 그래서 어쩔 수 없이 극장 입구에 처음엔 없었던 문을 만들어 달았어요.

또 문제가 있었어요. 지붕이 없으니까 축제 행사 때 애써서 준비한 공연을 비가 쏟아져 못하는 경우가 생긴다는 것입니다. 눈이 내리는 겨울, 아직 얼음이 녹지 않은 이른 봄, 여름 장마철 등 사용하지 못하는 날이 사용할 수 있는 날보다 더 많았습니다. 그래서 처음엔 비바람을 가릴 수 있는 정도의 가벼운 시설물을 올려 극장 지붕처럼 사용했는데, 바람이 심하면 그게 날아가버려요. 결국은 무거운 시설물을 올리게 됐는데, 그게 일 년 내내 사용할 수 있는 이점은 있지만 김수근 선생의 설계에는 없었다는 점입니다. 희랍 극장 같은 원래의 모습으로 되돌리자는 의견과 지붕을 덮어 활용하자는 의견이 반반 정도랄까, 지금은 그렇죠. (웃음) 하지만 언젠가는 원래의 모습으로 되돌리자는 의견이 더 많을 겁니다. 경동교회의 건축학적 의미와 상징이 더욱 중요하기 때문이죠.

경동교회는 고인이 되신 건축가 김수근 선생의 대표작으로 꼽히고 있습니다. 명예로운 한국건축대상을 받은 건물이지요. 또 건축가들은 물론이고 건축을 전공하는 학생들이 끊임없이 찾아오는 건물입니다. 서울시는 외국인 관광객에게 동대문에서 장충단과 국립극장에 이르는 코스 중에 반드시 경동교회 건물을 둘러보게 하고 있습니다.

삼위일체 종교문화를 지향한 강원용 목사

어쨌든 결론으로 들어가면요, 한국의 분단이나 한국적 문제를 우리가 노력해서 해결해낼 수 있다면 세계의 문제도 해결할 수 있다는 말을 다시 하고 싶어요. 한국문화에 기독교의 씨가 뿌려졌는데, 결실은 일치라기보다는 분열의 모습입니다. 이건 씨앗의 문제일 수도 있지만 토양 자체의 문제일 수도 있죠.

그러나 강 목사님은 한국문화의 부정적인 측면만 보신 게 아닙니다. 긍정적인 측면인 신명 나는 역동성과 융통성을 보셨고, 음악과 연극, 무용, 축제, 건축 등을 통해 그 긍정적인 측면을 우리에게 보여주셨습니다. 우리는 춤도 잘 추고, 노래도 잘하며, 서로 흉허물없이 잘 어우러집니다. 한국문화와 기독교가 융합된 진정한 종교문화는 갈등과 분열을 극복하고 조화를 이루는 데 큰 몫을 할 것입니다. 강원용 목사님의 연극, 무용, 음악을 장르별로 보면 그분이 지향하신 종교문화의 전체 그림이 안 떠오르지만, 다 모아보면 선명해지는 그림이 있어요. 삼위가 일체되는 그림이죠.

이것이 제가 가까이에서 본 여해 강원용과 종교문화입니다. 이제는 제2, 제3의 강원용이 여러분 가운데에서 나와야 합니다. 한국의 종교문화는 이제 젊은 여러분에게 달려 있습니다. 자, 그럼 여기까지 하겠습니다.

여해 강원용 목사와
한국사회 변혁

윤여준
전 환경부 장관

1939년 충남 논산에서 출생. 단국대 정치학과를 졸업하고 『동아일보』와 『경향신문』 기자를 지냈다. 1977년 주일대사관 공보관을 시작으로 주싱가포르대사관 공보관, 국정원장 특별보좌관, 전두환·노태우·김영삼 전 대통령 3대에 걸쳐 청와대 의전·공보·정무비서관을 지냈다. 1997년에 제4대 환경부 장관을 역임했으며, 2000년에는 한나라당 소속으로 제16대 국회의원을 지냈다. 평화 포럼 이사, 한나라당 여의도연구소장, 『재경일보』 회장으로 일했다.
2012년 대통령 선거에서 민주통합당 문재인 후보 선대위 소속 국민통합추진위원장으로 활동한 바 있다. 지금은 정치소비자협동조합 울림 이사장으로 활동하고 있다.
주요 저서로 『대통령의 자격』이 있다.

안녕하십니까? 평소 같으면 따로 만나기 어려운데, 이렇게 만나게 돼서 영광입니다. 솔직히 말씀드려서 저는 여해 강원용 목사님을 누구보다 존경하는 사람임에는 틀림없지만, 그렇다고 누구보다 강원용 목사님을 잘 아는 사람이라고는 할 수 없습니다. 그래서 오늘 강 목사님과 한국사회 변혁에 대해 얘기해달라고 했을 때 좀 망설였습니다. 제가 이 주제를 소화해낼 수 있을까 망설였지요. 하지만 어떻게 보면 나에게 주어진 좋은 기회다, 이번 기회에 강 목사님에 대해 공부해보자 하는 생각이 들었습니다. 그래서 여러 가지 자료와 기록을 다시 읽고, 제 나름대로 정리한 것을 바탕으로 말씀드려볼까 합니다.

평소 저는 강 목사님을 뵐 때마다 굉장히 부럽다는 생각을 많이 했습니다. 돌아가시기 직전에 평화 포럼을 운영하실 때 보면, 연세가 아흔이 다 되셨는데도 메모 한 장 없이 아주 논리정연하게, 정말

기가 막히게 어휘를 구사하셨어요. 그 모습을 보면서 나도 저분 나이쯤 되었을 때 저렇게 할 수 있을까 하고 생각했지요. 오랫동안 강 목사님을 관찰해온 사람으로서 말해보자면, 목사님은 늘 선각자의 면모를 보여주신 분입니다. 또 한국사회의 통합을 위해 애를 많이 쓰신 통합적 지도자이기도 하고요.

비혁명적 방법으로 변혁을 추구한 혁명가

이 강연의 제목이 말해주듯이, 강 목사님은 전 생애를 통해 사회변혁을 추구한 분입니다. 목사님은 진정한 혁명가지요. 변혁과 변화의 차이를 학문적으로 정의할 만한 식견은 없습니다만, 대개 변혁이라고 하면 변화보다는 시간적으로도 좀 빠르고 내용 면에서도 급격한 것을 의미하지 않나 싶습니다. 그렇게 보았을 때 강 목사님은 일평생 한국사회의 변혁을 추구한 분이라 할 수 있고, 그런 의미에서 혁명가임에 틀림없다는 거지요.

목사님의 생애를 살펴보면 그 안에 한국 현대사가 다 나타나 있습니다. 기록을 보니까 네 살 때 증조부님한테 한문을 배우셨고, 열다섯 살에 기독교에 입교하셨더라고요. 그 당시의 사회 상황을 보면 조선조가 끝나고 일제 식민지가 되었지만 아직 신분 사회의 인습이 많이 남아 있을 때죠. 그럴 때 기독교에 입교하셨다는 것만 봐도 굉장히 혁명적이었다고 생각합니다. 기독교라는 게 평등사상이

잖아요. 그뿐만이 아니지요. 고향과 만주에 계셨을 때는 야학을 만들어서 부녀자 교육을 시켰고, 해방 후 서울에 와서는 기독학생운동을 이끄셨어요. 또 경동교회를 맡으셨을 때 기독교를 토착화하기 위해 11월에 지내던 추수감사절을 추석으로 옮기셨어요. 요샛말로 표현하자면, 아주 대단한 운동권이셨던 것 같아요.

그런데 제가 강 목사님을 직접 뵈면서도 그렇고, 이번에 자료를 보면서도 느낀 게 있어요. 이분이 한국사회 변혁을 추구한 혁명가임은 분명한데, 그 추구한 방식이 비혁명적이었다는 거예요. 저는 거기에 목사님의 위대성이 있다고 생각합니다. 변혁을 추구한 혁명가의 면모도 대단하지만, 그 변혁을 비혁명적인 방법으로 이루어나갔다는 데 위대성이 있다는 것이지요.

혁명이란 보통 폭력적인 방법으로 기존 체제를 뒤엎는 거잖습니까. 그렇게 보면 목사님은 철저한 개혁주의자이죠. 현실을 잘 연구해서 가급적 그 현실이 규범에 가깝게 가도록 하는 게 사회 개혁의 핵심이라고 생각하셨다는 거예요. 기록을 보면 라인홀드 니버의 영향을 받았기 때문이라고 하던데, 어쨌든 아주 일관되게 이런 입장을 견지하셨습니다. 특히 남북한이 분단 상황에 있기 때문에 과격하게 저항했을 경우, 비록 그 저항이 도덕적으로 옳을지라도 그것이 가져올 결과를 굉장히 걱정하셨다는 겁니다. 그래서 이른바 민중주의적인 방식이나 급진적인 방식은 한국의 현실에 맞지 않다고 말씀하셨어요. 한마디로, 아주 철저한 현실주의자였던 거지요. 이상을 갖고 추구하되, 항상 현실에 발을 딛고 그 이상을 바라보고 추구하신 겁니다. 사실 그게 참 쉽지가 않습니다. 바로 그런 점에서 개혁주의자라고 말씀드릴 수 있겠습니다. 여기서 강 목사님의 말씀을 몇 가지만 인용해보겠습니다.

> 내가 택한 입장은 점진적 개혁 노선이다. 왜냐하면 나는 기본적으로 체제를 바꿈으로써 모든 문제가 일시에 해결된다고 보지 않기 때문이다.

정말 정확한 말씀이죠. 물론 체제라는 게 중요합니다만, 체제를 바꾼다고 모든 것이 해결되느냐? 반드시 그런 것은 아니죠. 그것은 역사적으로 증명된 얘기입니다. 이런 현실적인 생각을 가지고 계셨다는 거예요.

> 내가 걷고 있는 길은 환상도 절망도 갖지 않고, 가능한 개혁을 부단히 추구하면서 사는 거다.

이런 말씀을 직접 하셨다는 게 기록으로 남아 있습니다. 어쨌든 이상과 현실은 같지 않은 거죠. 그런데 현실을 이상으로 바꿔버리려는 정열은 혁명의 길이고, 현실을 미화하고 그것을 고수하려는 것은 굳어진 보수입니다.

> 나는 이상과 규범을 향해서 점진적으로 접근해가는 개혁자의 길

을 걸으려고 노력했다.

목사님은 이런 말씀을 자주 하셨습니다. 『여해 강원용의 삶과 사상』이라는 책을 쓴 고범서 박사님은, 강 목사님을 흑백논리를 부정하는 크리스천 지성이요 크리스천 리얼리스트라고 말씀하셨더라고요. 저는 그걸 보면서 아주 정확한 표현이라고 생각했습니다.

혁명이라는 게 그것을 이루고 나면 당장 눈에 보이고 손에 잡히는 성과가 있습니다. 그러나 인류 역사에서 성공한 혁명은 거의 없다고 하죠. 대표적으로 꼽는 성공한 혁명이 프랑스 혁명과 러시아 혁명이라고 하는데, 러시아 혁명의 말로는 이미 소비에트 러시아가 해체되는 과정에서 보여주지 않았습니까. 따라서 얘기할 필요도 없고요. 또 프랑스 혁명마저도 그 이후에 얼마나 많은 우여곡절을 겪었습니까. 최근엔 유럽에서도 프랑스 혁명에 대해 다시 평가해야 한다는 학자들이 나올 정도이지요.

강 목사님이 추구한 변혁과 혁명은 철저히 개혁주의 노선에 입각한 정신운동이고 의식 혁명이었습니다. 제가 볼 때는 그렇습니다. 그래서 사회의 어떤 구조적인 악을 극복하는 데 있어서는 급진적이고 혁명적인 방법보다는 점진적이고 개혁적인 방법이 더 효과적이라는 신념을 갖고 있었던 것입니다.

저는 목사님이 가지셨던 이런 신념, 방법론에 철저히 동의하는 사람입니다. 짧은 세월 제가 경험한 바에 따르더라도 급진적인 방법이 빨리 효과를 가져올 것 같지만, 실제로는 그렇지 않더라고요.

제도를 바꾸는 것도 중요하고, 체제를 바꾸는 것도 중요합니다. 하지만 결국 궁극적으로 남는 건 사람들의 의식인데, 사람들의 의식과 정신은 그대로인 채 제도만 아무리 바꿔보았자 기대했던 효과를 거두기 어렵거든요.

개혁과 변화를 일으키는 예수 그리스도의 길을 따라

또 하나, 이분의 특징은 정치적인 행동을 많이 하셨다는 겁니다. 정치적인 발언도 많이 하셨고요. 그렇게 현실 정치에 많이 개입했지만, 권력으로부터는 철저히 자신을 분리시켰지요. 이것이 또한 일생 동안 견지해오신 입장입니다. 우리 정치가 민족의 자유와 번영을 가져올 수 있도록 정치로 뛰어들어 활약을 하신 거예요. 그것도 아주 종횡무진으로요. 그런데 단 한 번도 권력을 추구한 일은 없습니다. 정치적인 관심과 활동의 동기가 권력 획득에 있지 않았다는 것입니다.

이승만 대통령 시절에는 공보실장 같은 중요한 직책을 제의 받았지만 거절하셨고, 노태우 대통령 6공 시절에는 올림픽이 끝나던 1988년 말에 국무총리 제의까지 여러 차례 받으셨어요. 하지만 끝내 거절하셨지요. 제가 청와대 정무비서관으로 일할 때라 그에 대해 잘 알고 있습니다. 노태우 대통령이 개각을 해야겠는데, 국무총리로 강원용 목사님을 모셨으면 좋겠으니 검토해서 보고하라는 지시가 내려왔어요. 국무총리 인사 문제여서 누구한테 함부로 얘기할 수도 없고, 그래서 저 혼자 보고서를 만들었습니다. 그때 반대 의견을 올렸지요.

그건 두 가지 이유에서입니다. 첫째는, 강원용 목사님을 임명하면 정치와 종교의 분리라는 원칙에서 벗어난다. 둘째는, 강 목사님은 정부 밖에 계시도록 해야 그분이 한국사회를 위해서 그 영향력을 발휘할 수 있다. 만약 국무총리로 들어오면 그 영향력이 끝날 염려가 있기 때문에 현명한 일이 아니라고 했습니다. 이렇게 반대를 했는데도 노태우 대통령은 듣지 않았어요. 그때 워낙 어려운 상황이었거든요. 사회는 혼란스럽고 정부는 무기력해 보이기도 하고요. 그럴 때 강 목사님이 총리를 맡으면 한국사회의 혼란을 정돈하고 정부의 신뢰도를 회복하는 데 큰 도움이 되겠다고 판단을 한 거예요. 또 강원용 목사님을 성직자라기보다는 사회 지도자로 생각하는 경향이 많아서 그랬는데, 끝내 강 목사님이 거절하셨어요.

그렇게 목사님은 어디까지나 기독교 사회윤리라는 정신에 입각해서 정치를 해석하고, 때로는 비판하고, 때로는 대안을 제시하기 위해 부단히 노력하셨습니다. 한 번도 권력에 가까이 가려고 하시거나 권력을 갖겠다는 생각을 한 적이 없다는 거예요. 기록을 보니까 "예수 그리스도는 결국 개혁과 변화를 일으키는 존재 아니냐?"고 말씀하신 게 있더라고요. 당신도 예수 그리스도가 걸어간 길을 가겠다고 하는 신념을 말씀하신 거겠지요.

극좌와 극우를 넘어서는 제3의 이념

지금까지 강 목사님이 개혁주의자의 입장에서 한국사회의 변혁을 일관되게 추구하셨다고 말씀드렸는데, 그렇다면 구체적으로 어떤 가치나 이념으로 이런 변화를 추구하셨는지에 대해 조금 더 자세히 들여다볼 필요가 있을 것입니다. 몇 가지만 말씀드려보지요.

우선, 정치적 이념에 대해 살펴보겠습니다. 목사님은 해방 후에 남쪽으로 내려오셔서 1945년부터 1948년까지, 3년간의 해방 공간에서 굉장히 활발하게 활동하셨습니다. 젊은 나이였는데도 말입니다. 이승만 박사나 백범 김구 선생, 여운형, 김규식 등 당대 한국사회 최고 지도자들과 굉장히 가깝게 지내셨는데, 그때부터 목사님은 '공산주의도 아니고 자본주의도 아닌, 어떤 제3의 이념이 있어야 한다'고 생각하셨더라고요.

지금은 좌파 우파 그러지만, 해방 공간에서는 좌익과 우익이라고 했지요. 당시 좌익과 우익은 아주 격렬하게 부딪쳤습니다. 유혈 사태도 많이 났고 테러 암살 사건도 많이 벌어졌지요. 아주 험악하던 시절입니다. 그 시절에 이른바 공산주의자와 자본주의 세력이, 좌익과 우익이 유혈 충돌을 하고 서로 살상할 정도로 극렬하게 대결하고 있던 상황에서 목사님은 공산주의도 안 되고 자본주의도 안 된다, 제3의 이념이 있어야 한다고 생각했던 거예요.

여러분, 지금은 이 얘기를 들으면 충분히 그럴 수 있다고 생각을 하죠. 토니 블레어나 앤소니 기든스의 제3의 길이 세계적으로 유행했던 적이 있으니까 그리 대단치 않다고 생각할지 모릅니다. 하지만 그 시절로 한번 돌아가보십시오. 1945~48년 한국사회로 돌아가서 생각해보면 보통 사람은 도저히 생각할 수도 없는 일입니다. 만약 생각했다고 해도 실제 그것을 주장하고 만들어내고, 또 실천할 수 있었을까요? 그건 목숨을 내놓고 해야 할 일입니다. 그런데 목사님은 그걸 해냈다는 거예요. 그것만 봐도 이분의 식견과 용기가 참으로 대단하지요. 초인적인 데가 있어요. 물론 선각자로서의 식견도 뛰어나지만, 성공이든 실패든 그걸 실제로 실천하는 건 정말 쉬운 일이 아닙니다. 그때 제가 일곱 살이라 다는 기억하지 못하지만, 당시 한국사회가 가지고 있던 어둡고 불안한 분위기만큼은 어른들의 표정에서 충분히 읽을 수 있었죠. 뭔가 걱정스럽고, 모여 앉기만 하면 수군수군하면서 오늘은 누가 죽었다더라, 누가 총에 맞았다더라, 어디서 데모를 했는데 얼마나 다쳤다더라, 이런 얘기가 노상 나왔어요. 그때마다 어른들의 불안하고 어두운 표정을 읽었던 기억이 납니다. 굉장히 불안한 시절이었지요.

그다음으로 북한에 계시다가 남한으로 넘어와서는 북한에서 겪었던 공산주의의 실체를 알리기 위해 전국을 돌아다니며 강연을 하셨어요. 말하자면 반공 연설을 하신 거지요. 이것도 보통 신변의 위협을 받는 일이 아닙니다. 협박도 많이 당하셨다고 해요. 그러면서도 전국을 다니며 공산주의는 안 된다고 반공 강의를 하셨어요. 그렇다고 이분이 우익 세력과의 활동을 도모했냐 하면 그렇지 않습니다. 당시는 좌우익이 싸울 때니까 우익에도 폭력 세력 집단이 있었지요. 저쪽이 적색 테러라 그러면, 이쪽은 백색 테러라 그러지 않았습니까. 양쪽 다 청년을 중심으로 한 조직이 있었기 때문에 서로 폭력을 쓸 때입니다. 하지만 절대로 폭력을 써서는 안 된다는 생각을 하셨기 때문에 아무리 전국을 다니며 반공 연설을 하셨어도 폭력을 쓰는 우익 단체와는 전혀 인연을 맺지 않으셨어요.

혹시 찬탁과 반탁이라는 거 아세요? 한국이 자립할 능력이 안 되니까 신탁통치를 해야 한다 해서 그것을 놓고 찬성 측과 반대 측으로 나뉘어 격렬하게 부딪쳤죠. 역시 극좌와 극우 세력이 물리적으로 충돌했습니다. 그런데 그걸 이 양반이 보시면서 양대 세력이 모두 우리나라 민주주의 형성에 아무 도움이 안 된다고 판단하셨지요. 또 민족 통일에도 아무 기여를 할 수 없다고 보셨어요. 본질을 꿰뚫어 보신 거죠. 그렇게 생각하고 배척을 하니까 그 사람들로부터 늘 회색분자라는 비난을 많이 들으셨다고 해요. 그래도 전혀 개의치 않으셨답니다. 그러다가 대한민국 정부가 단독으로 수립되고 나서 이승만 대통령이 권력을 장악하는 과정을 보시고는 도덕적이지 않다고 생각을 하신 거예요. 결국 이승만 박사가 대통령에 취임하고 나서는 이 박사와 인연을 끊으셨지요. 이 박사 면전에서 심한 말씀을 해서 인연이 끊어졌다고 그래요. 그러고 나서 미국에 가서 목사님이 되신 거죠. 아마 목사님이 되신 것도 하나님의 뜻이 아니었나 싶어요.

십자가의 길을 택한 신념의 종교인

또 하나 제가 주목한 게, WCC 혁명신학의 추종을 거부했다는 사실입니다. 당시 기독교 사회에는 WCC 혁명신학의 바람이 거세게 불었지요. 해방 공간에서 좌우익 둘 다 아니라고 하면서 독자적인 길을 가고자 했던 바로 그 용기가 여기에서도 보인다고 생각합니다. 자, 남과 북이 이데올로기적으로 적대 관계를 맺고 있는 상황에서 공산주의는 비판하지 않고 자본주의만 공격하고, 북한의 독재와 인권 탄압에 대해서는 일언반구도 꺼내지 않으면서 일방적으로 전체주의적 정책과 인권 침해만 공격하는 것은 위험하다고 한다면 이건 형평에 안 맞는다는 거죠. 그에 관해 이렇게 공개적으로 입장을 표명하셨어요. 그 표현이 재밌습니다.

> 우리 앞에 위협적으로 다가오고 있는 제국주의라는 호랑이를 막아야 한다고 해서 뒤에서 덮치는 곰을 잊어서는 안 된다. 호랑이가 밉다고 곰이 예쁜 것은 아니기 때문에 호랑이와 함께 곰도 막아야 한다.

WCC 혁명신학을 하는 분들 쪽에서는 미국을 중심으로 한 서방세계를 제국주의라고 얘기한 거 같은데요, 어쨌거나 이건 미국을 상징하죠. 그리고 곰은 소련을 상징하는 거 아니겠습니까. 그러니까 미국이 밉다고 해서 소련이 예쁘냐? 그건 아니라는 겁니다.

제가 지금 해석을 해보면, 미국도 제국이고 소련도 제국이니까 결국 제국이라는 건 본질적으로 같다고 생각하셨던 거예요. NIBE라는 말이 있습니다. Not Imperialism But Empire, '제국주의는 갔지만 제국은 있다'는 뜻이지요. 과거 제국주의 시절처럼 남의 나라를 무력으로 침략해서 식민지를 만드는 제국주의 시대는 갔지만, 그래도 여전히 제국은 남아 있습니다. 그 제국이 세계 질서를 만들고 지배하는 거 아닙니까. 그렇게 보면 소련이든 미국이든 제국으로서의 본질은 같다고 할 수 있습니다. 바로 이 사실을 간파하신 겁니다.

그 당시에 이 사실을 생각한 것도 쉬운 일이 아니지만, 더 나아가 이 사실을 공개적으로 천명해서 WCC로부터 굉장히 험한 비판과 공격을 받으셨더라고요. 이거 웬만한 용기를 가진 사람은 도저히 못 합니다. 저라도 하지 않았을 것 같아요. 저도 꽤 입바른 소리를 한다고 하는 사람입니다. 하지만 그런 상황에서, 그것도 강원용 목사님 같은 위치에서 WCC 혁명신학을 거부한다고 말하기는 정말 쉽지 않아요. 웬만한 사람들은 절대 못 합니다.

여러분도 신학을 공부하니까 앞으로 강 목사님이 가신 길을 비슷하게 가실 테지요. 옳고 그름은 여러분이 판단하실 몫이지만, 어쨌든 강 목사님처럼 신념을 향해 몸을 던지는 자세는 참으로 소중하다고 봅니다. 저 같은 사람도 강 목사님이 해오신 일을 볼 때면, 결코 흉내 낼 수는 없지만 그 정신은 꼭 본받아야겠다고 생각할 때가 참 많습니다. 강 목사님은 신념의 종교인이에요. 보수 반동이라는 비난도 많이 받으시고, 또 WCC와 인연이 끊어지는 아픔을 겪으면서까지도 절대 굽히는 일이 없으셨어요. 어찌 보면 십자가의 길이에요. 그걸 스스로 선택하신 거죠.

사회를 바꾸는 변혁의 정신적 원동력은 국민 대중의 생활 속에서 나와야

목사님이 미국에 대해 어떤 생각을 가지고 있었는지를 단편적으로 살펴볼 수 있는 자료가 있더라고요. 거기에 이런 말씀이 담겨 있었어요. "정신적 바탕의 근본적인 개혁 없이 일제로부터 해방을 맞이한 우리는 주체적인 선택의 여지도 없이 해방군의 정치 제도를 그대로 받아들였다." 여기서 해방군이란 미국을 말하죠. 미국의 이념과 철학, 제도를 그대로 직수입한 거 아닙니까. 하지만 "새로 받아들인 민주주의 정치 체제는 우리 것과는 전혀 이질적인 정신의 바탕 위에 서 있는 것이었다." 맞죠? 이것 때문에 지금까지 혼란을 겪고 있는 것 아닙니까. 미국의 이념과 제도, 철학이 아무리 훌륭하다고 해도 우리는 우리만의 역사적 배경이 있고 문화적 특성이 있기 때문에 우리에게 맞는 제도를 받아들였어야 하지요. 그런데 그냥 완성된 상품처럼 직수입하지 않았습니까. 목사님이 지적하신 것처럼 저는 이것이 가장 큰 문제라고 봅니다.

어떤 정치학자는 대한민국 정부를 외삽 국가라고 합니다. 외삽

이란 꺾꽂이를 했다는 말이에요. 나뭇가지를 꺾어다 심었다는 얘긴데, 그건 남북이 다 그래요. 북한은 소비에트 러시아가 세운 외삽 국가이고, 대한민국은 미국이 세운 외삽 국가라고 볼 수 있는 거죠. 목사님도 이 문제점을 지적하신 겁니다. 민주주의는 개성의 존중에서 생기는 자유와 책임 의식, 연대성에서 생기는 평등과 협동, 대화의 정신, 그리고 그 모든 것의 바탕이 되는 사랑의 윤리와 봉사 정신의 토양 위에서만 곱게 성장하고 꽃을 피우고 열매를 맺을 수 있습니다. 그런데 우리는 평등과 협동, 대화, 봉사 정신, 이런 토양이 없는 상태에서 다른 나라 토양에서 자란 나무를 그냥 갖다 꽂았다는 겁니다. 외삽이죠.

이렇게 꺾어다 꽂은 것이 핵심적인 문제라는 말인데, 저는 이게 정말 정확한 진단이라고 봅니다. 어떤 정치학자도 이 이상 정확하게 진단할 수 없을 거라고 생각해요. 우리의 잘못은 이런 토양에서만 정상적으로 자랄 수 있는 민주주의 씨를 받아들였다는 데 있는 것이 아니라, 민주주의 제도라는 상층 구조로 세울 수 있는 정신적인 기초를 마련하지 못한 데 있습니다. 다시 말해, 정신적 인프라 없이 민주주의 제도를 받아들였기 때문에 우리가 아직까지도 엄청난 혼란을 겪고 있다고 생각해요. 우리는 정신적 기초를 다지는 기초공사부터 먼저 해야 합니다. 하지만 정신적 기초의 재건은 권력에 의해서 강요되어서는 안 돼요. 국민 대중의 생활 속에서 새로운 정신운동이 터져 나오게 해야 합니다. 그러니까 사회를 바꾸는 변혁의 정신적 원동력은 국민 대중의 생활 속에서 나와야 한다는 강 목사님의 신념, 이것도 저는 정말이지 정확한 진단이라고 생각합니다. 위로부터 권력이 만들어주는 것이어서는 안 됩니다. 사회 변혁을 이룰 수 있는 진정한 의미의 원동력은 밑으로부터, 대중 개개인의 삶에서 우러나오는 거죠.

그리고 민주주의와 관련해 빼놓을 수 없는 것이 있습니다. 1987년에 강 목사님이 하신 말씀이에요.

> 정치적 중간과 경제적 중산이 겹쳐져서 다수를 만든다면 상당히 큰 세력으로 중간을 형성해서 정치적 안정과 더불어 정치 발전, 대의정치와 민주화를 꾀할 수 있지 않을까 생각한다.

여기서 말하는 다수는 해석하기 나름인데, 어쨌거나 민주주의의 안전판이라고 하는 중산층이 두터워야 민주주의가 안정된다는 것입니다. 그런데 정치적 중간과 경제적 중산을 분리하셨어요. 요즘 이념적인 중도층이란 말을 많이 하죠? 중도층이 두터워야 한국사회의 이념 대결이 완화된다고 말이에요. 맞는 얘기예요. 정치적 중간과 경제적 중산이 합쳐져서 다수를 만들어야 한국사회가 민주주의도 제대로 되고, 정치도 발전한다는 겁니다. 이것도 정치학 원론에 나오는 말 아닙니까. 강 목사님은 바로 이런 민주주의관을 가지고 민주화 투쟁을 일관되게 하신 분이에요.

80년대 중반, 양극화로 인한
자본주의 해체를 미리 예상

그럼 자본주의에 대해서는 어떤 생각을 갖고 계셨을까? 1986년에 말씀하신 기록을 보니까, 이렇게 되어 있더라고요.

> 자본주의 체제를 지켜나가고자 한다면, 국민 모두의 행복에 관심을 가지고 정책을 펴나가는 등 국민의 지지를 받아야 하는데, 일전에 신문을 보니까 10대 재벌이 1975년도에는 전체 판매고의 25퍼센트를 차지한 데 비해서 1985년도에 보니까 70퍼센트로 늘었다.

불과 10년 사이에 70퍼센트가 되었더라는 얘기예요. 이래 가지고 어떻게 자본주의를 지킬 수 있겠느냐는 겁니다. 요즘은 이게 더 심화되었다고 봐야 하지 않을까요? 이른바 양극화죠. 목사님은 그 문제를 30년 전에 벌써 말씀하셨어요. 요즘은 소수 재벌에게 경제력이 집중되는 것을 비판하는 사람도 많고 이런저런 논의가 활발히 이루어지지만, 1986년도에 재벌 기업의 문제를 공개적으로 말한 경우는 참 드물었습니다. 거의 없다고 해도 과언이 아니지요. 당시 저는 청와대 비서관으로 일하고 있었는데, 그때 김종인 전 의원이 청와대 경제수석으로 대기업 중심의 경제 구조에 문제가 있다고 발언을 해서 깜짝 놀란 적이 있습니다. 현직 청와대 경제수석이 재벌 기업의 문제를 공개적으로 제기해도 괜찮나 했던 거예요. 그런데 목사님도 그렇게 해가지고는 자본주의를 못 지킨다고 말씀하셨던 거예요.

목사님이 지적하신 것처럼, 양극화가 심해지면 자본주의를 지킬 수가 없습니다. 사실 양극화는 우리나라뿐만 아니라 세계적으로 나타나는 현상입니다. 신자유주의 세계화 때문에 온 거예요. 경제권력이 비대해지면서 정치권력을 누르는 건 예사이고 국가권력까지 압도하는 상황에 와 있다고 할 수 있어요. 국가는 국민 다수의 이익을 위해서, 공공성이라는 가치를 지킬 목적으로 만든 것입니다. 그런데 그 국가가 공공성이 아닌 소수 기업의 이익에 봉사한다면 우리가 굳이 국가를 유지할 이유가 있겠습니까? 모두 각자 살면 되지요. 이런 극심한 양극화 현상 때문에 갈등 조절이 어려워지고 있는데, 공동체가 해체될지도 모른다는 걱정이 나올 정도예요. 그 싹이 바로 30년 전에 이미 트고 있었는데, 강 목사님이 그 점을 간파하신 겁니다. 이렇게 재벌 중심의 구조가 되면 자본주의를 못 지킨다고 말이에요. 그걸 경제학자도 아닌 목사님이 말씀하신 거예요.

정치권력처럼 경제권력도 집중과 연장을 막아야

그리고 또 하나, 북한 김일성 부자의 정치적 세습은 반대하면서 왜 우리 기업의 세습은 인정하느냐고 지적하셨어요. 이것도 맞는 말 아닌가요?

평면적으로 비교할 말씀은 아니겠습니다만, 결국 보세요. 민주주의라는 게 인간은 불완전한 존재라는 걸 전제로 해서 만든 제도 아닙니까. 인간이라는 게 불완전한 존재라서, 권력을 가지면 더욱더 권력을 집중하고 연장시키려 한다는 거죠. 이걸 제도적으로 못 하게 하는 게 민주주의 아닙니까. 삼권분립을 하고, 일정 기간마다 선거를 치러서 정권을 바꿀 수 있게 하잖아요. 이게 권력의 속성인 집중과 연장을 막아놓은 겁니다. 그런데 경제권력도 집중과 연장을 원할 거 아니겠어요? 권력이란 그 속성이 똑같으니까요.

강 목사님은 바로 그 점을 말씀하신 거예요. 경제권력도 정치권력처럼 집중과 연장을 막아야 한다고 주장하셨습니다. 당연한 말씀이죠. 이거 안 막으면, 아까 말씀드린 것처럼 국가라는 공동체를 만들어서 유지하는 목적이 사라져버리죠. 그러니까 북한의 권력 세습과 우리 기업의 세습이 같다고 말씀하신 것이 아니라, 경제권력의 집중과 연장의 문제점에 대해 말씀하신 겁니다. 목사님이 1986년도 시점에서 이 말씀을 하신 걸 보고 저는 깜짝 놀랐어요.

기업주, 노동자의 권리가 존중되는 산업사회의 평화

경제 성장, 자본 축적만을 강조한 나머지 노동자의 권익을 뒤로

미뤄왔기 때문에 사회 발전의 전체적인 균형이 깨져버렸다. 이 같은 국가 정책은 근본적으로 잘못된 것이다. 노사 문제를 정의롭게 해결하지 못하면 자본주의 체제 자체도 유지할 수가 없다. 우리는 자본 축적과 노동자의 권익 문제를 동시에 해결해나갈 것을 깊이 고려해야 한다.

노동 문제는 워낙 복잡한 문제죠. 국가권력만으로 해결할 수도 없고 민간의 힘만으로도, 사회의 힘만으로도 해결할 수 없는 아주 복잡한 문제입니다. 노동 문제는 우리가 풀어야 할 대표적인 과제로, 이를 소홀히 하거나 등한시해서는 자본주의를 못 한다고 그때부터 말씀하신 거 아닙니까.

그동안에 등장했던 정치권력과 국가권력은 노동 문제가 워낙 심각하고 골치 아픈 데다 해결책도 마땅치 않으니까 그때그때 대증요법으로 적당히 봉합해왔어요. 내 임기만 끝나면 된다, 내가 나가면 다른 사람이 알아서 하겠지, 하는 생각으로 넘어간 거죠. 문제의 본질과 싸우지 않았기 때문에 이제는 더 이상 노동 문제를 대충 끌고 갈 수 없는 상황에까지 이르렀다고 봅니다. 노동 문제는 사회적 합의를 시급히 구해야 할 대표적인 과제 중 하나예요.

요즘도 보십시오. 쌍용차 희생자를 위해 덕수궁 앞에 천막을 치고 농성하지 않습니까. 어떤 정부가 들어서도 마찬가지였잖아요. 저는 김대중 정부와 노무현 정부가 들어서면 그런 일이 없어질 거라고 기대했습니다. 그러나 마찬가지였어요. 노동 문제는 정부나 대통령만이 아니라 국민 모두가 심각하게 고민해야 할 문제라고 늘 생각하지만, 저 역시 이 문제 대해선 조예가 깊지 못해 좋은 해결책을 말씀드릴 수가 없습니다. 하지만 이대로는 못 넘어간다는 것입니다.

우리는 흔히 '한강의 기적'이라는 말로 산업화에 대해 자랑하는데, 지금 박근혜 대통령은 제2의 한강의 기적을 만들겠다고 하지 않습니까? 그런데 여러분, 한강의 기적을 얘기할 때 제일 먼저 누가 등장합니까? 박정희 대통령입니다. 그분의 리더십에 대해 얘기하지요. 물론 국가 최고 지도자였으니까 그럴 수 있습니다. 그다음으로 기업인과 경제 관료를 듭니다. 그러면 산업화가 오로지 박정희 대통령의 리더십과 기업가 정신, 그리고 관료들의 봉사와 헌신으로만 이루어졌다고 생각하십니까? 저는 산업화 성취의 절반은 노동자의 몫이라고 봐요. 그렇지 않습니까?

여러분이나 저나 그동안 산업화의 성취를 자랑하면서도 절반이 노동자의 몫이라고 생각한 적이 있습니까? 저는 솔직히 근래까지도 별로 없었습니다. 물론 근로자의 요구를 한꺼번에 해결할 수는 없겠지만, 그럼 지금이라도 최소한 한국사회가 산업화를 얘기할 때 그 절반의 몫이 노동자, 특히 나이 어린 여성 근로자들의 피와 땀과 희생 위에 만들어졌다는 걸 인정해야 합니다. 그 점을 한국사회가 인정해야 해요.

그런데 아직도 그게 이루어지지 않고 있습니다. 하지만 목사님은 1986년 무렵에 이미 노동 문제를 얘기하셨어요. 목사님은 한국사회가 안고 있는 문제이지만 보통 사람의 눈에는 잘 보이지 않는 것을 그때부터 보셨던 것 같아요. 그 문제가 2, 30년 후에 한국사회의 가장 근본적인 문제가 될 거라고 내다보신 거예요. 그 통찰력과 선각자적 지혜에 정말 탄복하게 돼요. 기업주가 기업주로서 받을 권리, 노동자가 노동자로서 받을 권리가 상호 존중될 때, 그걸 정의라고 보셨더라고요. 정의가 실현될 때라야 비로소 산업사회의 평화가 이루어진다는 것입니다. 정의 없이는 시장경제나 자본주의가 안 된다고 보신 거죠. 정의라는 게 뭐냐 하는 것을 철학적으로 규명할 수는 없습니다만, 그렇다고 모범 답안이 있는 건 아니잖습니까. 고대 아테네 이래로 2천 년 넘게 논쟁해온 주제 가운데 하나가 정의 아닌가요? 모범 답안은 없지만, 강원용 목사님은 그 시점에서 기업주와 노동자의 권리가 서로 존중되는, 그게 바로 정의라고 보신 거예요. 놀라운 혜안을 갖고 계셨어요.

> 기업주는 회사가 자신의 소유라는 생각을 버려야 한다. 민족 자본을 형성하기 위해 국가가 은행 융자, 차관을 얻어가지고 세금 혜택까지 주어서 형성한 것이 소위 오늘날 대재벌의 모습인데, 그것을 사회에 환원하지 않으면 역사적인 심판을 받을 것이다.

이렇게 말씀하셨더라고요. 그때 목사님이 생각했던 역사적인 심판의 구체적인 모습은 알 길이 없으나, 역사적인 심판을 받을 거라고 경고하신 것입니다. 요즘에 우리나라 재벌이 아직은 역사적인 심판까지는 아닙니다만 과거처럼 기업을 운영할 수 없는 상황이 오지 않았습니까. 이제 출발인 거죠. 역사적인 심판이라는 게 어느 한 순간에 벼락 치듯 오는 게 아닐 거 아니겠습니까. 역사적인 심판이라는 것은 일정 기간을 두고 진행되겠죠. 저는 강 목사님이 말씀하신 역사적인 심판이 이제 시작될 거라고 봅니다. 내용이야 어찌 됐든 간에 말이에요.

지금까지 제가 강 목사님의 정치적 이념이랄까, 경제관이나 민주주의관에 대해 장황하게 말씀드린 것은 강 목사님이 어떤 생각으로 사회 변혁을 추구했는가를 알아야 한다고 보기 때문이에요. 덮어놓고 뭘 바꾸자, 옛것은 묵은 거니까 새것으로 바꾸자, 이게 아니라는 거죠. 국민들이 싫어하니까 바꾸자, 이것도 아니라는 겁니다.

실천으로서의 크리스챤아카데미 대화운동

목사님이 이런 개혁주의적인 철학과 신념을 어떻게 실천에 옮기셨을까요? 이건 굉장히 중요합니다. 생각만 있으면 뭐 하겠습니까? 실천이 있어야지요. 그러니까 목사님은 개혁주의적인 생각을 실행에 옮기셨다는 겁니다. 그냥 말씀만 하신 게 아니에요.

목사님은 크게 두 가지 방향으로 실천하셨는데요, 하나는 크리스챤아카데미 운동입니다. 또 하나는 사회교육 운동이고요. 크리스챤아카데미 운동에 대해선 이화여대 총장을 지내신 신인령 선생이 다음 시간에 자세히 말씀하실 거라서 저는 특별한 말씀은 드리지 않겠습니다. 저기 신인령 선생이 앉아 계신데, 아무래도 제가 무슨 헛소리를 하나 보려고 오신 것 같아요. (웃음) 다만, 아카데미 운동 가운데 기억에 남는 게 있습니다. 제가 기자 시절에 크리스챤아카데미 취재를 여러 번 했는데, 그때 '타궁(Tagung)'이란 게 뭔지 몰라 궁금했어요. 타궁은 독일어로 '다이얼로그'라는 뜻인데, 우리말로는 '대화'라고 하죠. 당시 저뿐만 아니라 취재를 갔던 동료 기자들도 타궁을 잘 몰랐어요. 우리 사회에서는 처음 보는 거였으니까요.

우선, 타궁은 그 당시로서는 매우 독특한 모임이었어요. 한국사회의 대표적인 지식인들이 한자리에 모여 2박 3일이나 3박 4일 동안 수유리 아카데미하우스에서 숙식을 같이하면서 주어진 주제에 대해 토론을 했습니다. 한국의 지식인들이 집단으로 모여서 한 가지 주제를 놓고 며칠씩 토론하는 것은 처음이었기 때문에 아주 신기했어요. 그래서 관심을 많이 가졌었지요. 당시 아카데미 운동 대화 프로그램에 참여하지 못하면 지식인으로 평가를 못 받은 거라고 생각했어요. 나중에 보니 아카데미 출신들이 한국사회에서 굉장히 중요한 역할을 하셨더라고요. 그걸 보면서 새삼 강원용 목사님이 정말 엄청난 씨앗을 뿌리셨구나 하고 느꼈죠.

그때 내걸었던 주제도 깜짝 놀랄 만한 것들입니다. 당시로선 아무도 관심을 갖지 않던 주제를 다루었어요. 저희 기자들도 관심이 별로 없었어요. 예를 들어 환경과 주택, 교육, 공해, 교통, 도시화, 양성평등 등을 다루었습니다. 당시엔 여성 지도자 한두 분을 빼놓고는 여성 평등을 주장하는 사람이 거의 없었거든요. 거기다가 양극화 문제도 다루었어요. 크리스찬아카데미를 설립하고 아카데미하우스를 만든 후 여러 해 동안 쭉 진행된 토론 주제를 보면 정말 깜짝 놀라게 돼요. 그 선견지명에요. 지금 한국사회가 앓고 있는 몸살이 그때 이미 다 등장했던 거예요. 그때는 저희 기자들도 그 생각을 못 했어요. 그게 엄청난 선견지명에서 나온 얘기인 줄 알았으면 기사를 좀더 심층적으로 써보려고 노력했을 텐데 그 생각을 못 한 겁니다. 형식이 아주 새롭다는 것, 또 내로라하는 지식인들을 모아서 토론하는 것, 이런 게 신기하고 좋아서 자주 취재를 갔으면서도 그 진가를 몰라봤다는 반성을 많이 하게 돼요. 구체적인 사례는 신 총장님이 하실 겁니다. 그걸 제가 미리 하면 출세에 지장이 있을 것 같아서 여기선 그만 생략하겠습니다. (웃음)

정의와 사랑의 가치 추구,
그리고 중간집단 육성

또 목사님은 사회교육 운동을 많이 하셨어요. 목사님이 구상하셨던 사회교육 프로그램의 핵심은 중간집단 교육이지요. 저도 이번에 기록을 보면서 그에 대해 상세히 알게 되었습니다. 중간집단이란 게 뭐냐 하면, 급진적인 변혁을 추구하는 집단이 아니라 점진적인 개혁을 추구하는 성격의 집단이라고 명확하게 규정되어 있더라고요.

중간집단의 이념과 철학을 살펴보자면, 엘리트와 민중이 연대하여 약자들의 힘을 조직하고 그것을 통해 가진 자에게 압력을 가해 문제를 해결하면서 서로 화해를 이루자는 것입니다. 약자인 민중이 뜻있는 엘리트와 힘을 합하여 때로는 가진 자에게 압력을 넣고, 때로는 화해를 추구한다는 것이지요. 동시에 약자들이라고 해서 조직화된 힘을 남용해서는 안 된다고 봅니다. 그때는 가진 자의 편에 서서 해결과 화해를 추구하는 거예요. 이게 뭡니까? 항상 옳은 자, 정의의 편에 서겠다는 뜻입니다. 약자만을 대변하면서 가진 자를 적대시하거나 비판하는 것이 아니라, 기본적으로는 약자 편에서 강자에게 압박을 가하고 화해와 해결을 추구하지만 약자들이 자기네 힘을 남용하는 것도 견제하겠다는 거 아닙니까.

그래서 목사님은 정의와 화해를 추구하는 점진적이고 개혁주의적인 입장을 견지한다는 몇 가지 원칙을 분명하게 세우고 운동을 하셨어요. 여기엔 목사님의 신학 사상과 사회 변혁 방법이 담겨 있습니다.

> 압력과 화해라는 것은 동전의 앞뒷면 관계 같다. 그러니까 화해라는 것은 심판을 동반하지 않으면 진정한 화해가 될 수 없다. 심판이 따라야만 진정한 화해가 된다. 사회 개혁에 있어서, 정의와 사랑은 양자택일이 아니라 동시 추구해야 할 가치이고, 어떻게 하면 급진적 과격에 흐르지 않고 계속 사회구조 개혁을 통한 사회정의 실현의 과제를 수행할 수 있을지 고민한다.

목사님은 끝없이 고민하신 거예요. 그래서 이런 목적을 달성하기 위해 5개 분야를 대상으로 중간집단을 육성하는 데 정말 혼신의 힘을 기울였습니다. 1974년부터 1979년까지 5년 동안 종교계와 노동계, 농민계, 여성계, 학생계 등 5개 분야를 대상으로 중간집단 교육을 정말 열심히 하셨어요. 목사님 스스로도 이런 말씀을 하셨어요.

> 기독교 신앙을 바탕으로 온건하고 점진적 방법으로 민주화를 추구하고, 더 나아가서 인간화를 실현하는 데 전력을 다한다. 신학적, 철학적 입장을 구체적으로 반영한 작업이 이 작업이다.

이건 나중에 중간집단 교육을 회상하면서 하신 말씀이에요. 마치 신들린 사람처럼 혼신의 노력을 다했다는 거지요. 하지만 안타깝게도 5년 만에 끝나고 맙니다. 이 교육을 위험하다고 보았던 당시 권력이 문제를 일으키는 바람에 5년 만에 중단되었지요. 하지만 그 5년 동안 뿌려놓은 씨앗이 엄청난 열매를 맺었습니다.

한국사회의 근대화에 끼친 지대한 영향

70년대에 농민운동이 거세게 일어났습니다. 그때 가장 유명했던 것이 함평 고구마 피해 보상 투쟁이었다고 기억합니다. 나중에 한나라당 국회의원까지 지낸 이우재 씨를 아시나요? 이분이 주동자

중의 한 분이었고, 황한식이라는 부산대학교 교수로 계신 분도 있어요. 이런 분들이 모두 여기 출신이에요.

그다음에 YH무역 여공 사건을 아십니까? 원풍모방과 동일방직 등에서 여성 노동 투쟁을 주동하신 분으로 박순희 씨, 이영순 씨, 최순영 씨 등이 있는데, 이분들도 다 중간집단 교육을 받으셨더라고요. 여성운동에 헌신한 분도 한두 명이 아니에요.

강 목사님이 크리스찬아카데미 운동과 사회교육 운동을 하신 건 불과 5년밖에 안 되었기 때문에 얼핏 보면, 특히 물리적인 규모로만 보면 한국사회를 바꾸는 데 뭐 그리 큰 기여를 했겠냐고 생각할지 모릅니다. 하지만 제가 보기엔 한국사회를 근대화시키고, 한국 사람들로 하여금 근대적 가치에 눈뜨도록 했다고 봅니다. 사실 우리는 유럽처럼 시민혁명이 일어나서 수백 년간 우여곡절을 겪은 끝에 근대로 옮겨온 게 아니에요. 우리는 어느 날 갑자기 근대를 맞이하게 되었습니다. 조선 왕조가 망하면서 남의 나라 식민지가 되었고, 그러다가 식민 모국이 전쟁에서 지자 그냥 해방이 된 거예요. 그리고 근대적인 가치가 우리한테 바로 들어와버렸지요. 그랬기 때문에 우리 사회가 혼란을 겪을 수밖에 없었어요.

그런 한국사회를 오늘날 이 정도의 근대적 사회로 만드는 데 하나의 원동력이 되어주었던 게 강원용 목사님의 사회교육 운동이었습니다. 이걸 절대로 가볍게 보면 안 됩니다. 목사님은 민주주의가 됐든 바람직한 자본주의가 됐든, 그런 사회를 만드는 데 필요한 토양과 정신적 기초를 다지셨던 거예요. 그리고 또 하나의 원동력, 밑에서부터 올라오는 에너지를 만드셨어요. 사람에 따라 평가가 다를 수 있지만, 제가 보기엔 이 시점에서도 한국사회를 근대화하는 데 상당한 기여를 했다고 할 수 있을 뿐만 아니라 앞으로 세월이 갈수록 목사님이 뿌린 씨앗과 토양은 점점 더 진가를 발휘할 거라고 봅니다. 많은 사람들이 다 인정하게 될 거예요. 이 척박한 땅을 기름지게 하기 위해서 퇴비를 주신 분이잖아요. 사실 강 목사님이 한국사회를 바꾸는 데 얼마나 엄청난 기여를 하셨는가 하는 것은 잘 모르고 지나치기 쉬워요. 저도 이번에 여러 가지 기록을 보면서 새삼 놀라고, 다시 한번 강원용 목사님의 진면목을 생각해보게 됐어요. 그리고 한국사회의 근대화에 끼친 목사님의 기여와 성취, 업적을 다시금 깨닫게 되었습니다.

요즘처럼 강원용 목사님이 그리울 때가 없습니다

목사님은 마지막으로 평화운동까지 하셨습니다. 6·15정상회담 이후 남북한 관계는 대결 구도에서 화해 협력 구도로 옮겨 갔지만, 남쪽 사회는 극렬하게 찬성과 반대로 갈려서 남남 갈등이 생겼습니다. 이걸 보시고 이렇게 해서는 민족 화해가 안 된다, 한국사회가 이렇게 양분된 상태로 어떻게 민족 화해를 할 수 있겠느냐는 생각으로 평화 포럼을 만드신 거예요. 그래서 되도록 민족 문제는 한국사회의 보수와 진보, 여당과 야당을 떠나서 초당적으로 고민하자는 좋은 뜻에서 평화 포럼을 만들어 높은 연세에도 정말 헌신적으로 애를 쓰셨지요. 저도 그 덕분에 평화 포럼에 한나라당 국회의원으로 참여했습니다. 목사님께 많은 가르침을 받고, 여러 차례 모시고 귀한 말씀을 듣는 소중한 시간을 가졌습니다.

최근에 제가 요즘의 한국사회 상황을 보면서 이렇게 얘기한 적이 있습니다. 오늘날 한국사회의 상황은 혼돈기적 혁명 상황이라고요. 정치학에 이런 표현이 있습니다. '레볼루션 인 플럭스(Revolution in Flux).' 여기서 플럭스라는 건 유동성이 심한 상태를 말합니다. 지금 한국사회가 그런 상황 아니냐는 거지요. 목사님이 생전에 그렇게 하지 말라고 하셨던 흑백논리가 다시 한국사회를 지배해서 그 흑백논리로 무장한 세력들이 끊임없이 헤게모니 싸움을 한다는 것입니다. 목사님이 생전에 말씀하셨던 것처럼, 하루빨리 우리 사회가 급진적인 변혁이 아니라 점진적이고 단계적인 개혁으로 진행하는 시대, 한국 국민 다수가 개혁주의자가 되는 시대가 와야 한다고 생각합니다.

이 혼돈기적 혁명 상황이 왜 걱정스러운가 하면, 혁명은 늘 주도하는 세력이 있게 마련이죠. 그런 만큼 깃발이 분명합니다. 혁명을 주도하는 세력이 누구이고, 그 세력이 어디로 가려고 하는지를 알 수 있었던 거예요. 하지만 지금 우리 사회에서 진행되는 이 혁명적인 상황에서 주도 세력이 없어요. 따라서 깃발도 없고요. 제가 보기에는 순전히 민중의 에너지로 진행되는 혁명적 흐름이에요. 그래서 이게 어디로 갈지, 또 어디까지 갈지 알 수가 없는 거예요. 한편으로는 기대가 되지만, 다른 한편으로는 굉장히 불안하죠. 민중의 에너지라는 게 한 번 폭발하면 방향을 잃고 에너지가 주는 힘으로만 갈 수도 있는 거 아닙니까. 그 후에 오는 사태라는 건 생각하기조차 끔찍한 일이라서, 어쨌든 이것은 막아야 한다는 게 저 같은 사람의 소박한 생각입니다.

그러니까 지금 누구보다 강 목사님이 아주 그리운 거예요. 아, 이 양반이 더 사셨어야 하는데 하는 생각이 들어요. 그래서 목사님 같은 분이 딱 중심에 서시고, 그 주변에 뜻이 비슷한 사람들이 서서 우리 사회가 이렇게 가면 안 된다고 말할 수 있었으면 해요. 많은 국민들이 목사님 말씀에 귀를 기울이고 그것을 신뢰한다면 우리 사회가 발전하는 데 보탬이 되지 않을까 싶거든요. 또 우리 사회의 혼란스러움을 조금이라도 수그러들게 하는 일을 해볼 수 있지 않을까 합니다. 저는 요즘처럼 강원용 목사님이 그리울 때가 없습니다.

제 공부가 부족해서 여러분들께 목사님의 진면목을 제대로 전달하지 못한 것 같습니다. 그래서 목사님께도 죄송하고, 이 자리에 계시는 여러분께도 미안한 생각입니다. 하지만 저로서는 최선을 다해 목사님의 생각과 생애에 대해 말씀드려봤습니다. 감사합니다.

현실 참여와
크리스챤아카데미 운동 경험

신인령
전 이화여대 총장

1943년 강원도 출생. 이화여대에서 법학석사 및 박사 학위를 취득했다. 1971년부터 1980년까지 크리스찬아카데미 산업사회 담당 간사로 활동했다. 1985년부터 이화여대 법과대학 교수로 재직했으며, 2002년부터 2006년까지 이화여대 총장을 역임했다.
노동부 고용정책 심의위원, 중앙노동위원회 공익위원, 한국가정법률상담소 이사, 한국노동법학회 회장, 한국과학기술원 이사, 환경운동연합 공동대표, 제11기 민주평화통일 자문회의 여성부의장, 성곡학술문화재단 이사, 과학기술기획평가원 이사, 한국과학재단 최고과학자위원회 위원, 삼성고른기회장학재단 초대 이사장 등을 역임했다. 지금은 남북평화재단 이사, 원전하나줄이기 시민위원회 공동위원장으로 활동하고 있다.
주요 저서로 『세계화와 여성 노동권』 『노동기본권 연구』 『노동법과 노동운동』 『노동인권과 노동법』 등이 있다.

여러분의 큰 박수는 강사인 저에 대한 환영보다, 마지막 강의라는 데 방점이 있는 것 같습니다. 여러분, 축하드립니다. (웃음)

수유리 한신대는 우리 시대의 위대한 스승들을 많이 배출했고, 또 그분들이 가르치셨던 곳입니다. 지금도 사회정의에 관한 감수성이 남다른 수많은 목회자님들이 배출되는 대학이라 이 강단은 숙연함을 느끼게 합니다. 저는 대학 교단에서 강의를 한 지가 한참 되어 젊은 학도들과 소통이 잘될지 좀 걱정스럽습니다. 특히 목사님이나 목사님 되실 분들 앞에서 감히 강의해본 적이 없어서 많이 떨립니다. 그런데도 사양하지 못한 것은 강원용 목사님에 대한 감사와 존경, 사랑 때문입니다.

저는 1970년부터 1980년까지 70년대를 전부 크리스챤아카데미에서 프로그램 간사로 일했습니다. 오늘 저는 강 목사님을 모시고 크리스챤아카데미 운동에 참여한 경험을 이야기하고자 합니다. 제

한된 시간 때문에 아카데미 운동 경험을 전반적으로 다 이야기할 수는 없을 것 같습니다. 그중에서 제가 집중적으로 참여했던 중간집단 산업사회 교육에 관해 이야기를 하려고 합니다. 중간집단 교육은 '70년대 아카데미 운동'의 중심이 됩니다. 그 시대적 배경인 70년대에 우리나라는 '유신 체제'라는 군사 독재 지배하에 있었습니다.

이 자리에 참석하신 여러분을 보니까 몇 분을 제외하고는 3, 40년 전에는 아예 태어나지도 않으신 것 같아요. 맞지요? (웃음) 그런 여러분들은 유신 체제라는 말을 들으면 어떠세요? 그저 무심하게 하나의 단어로 다가옵니까? 저는 그게 참 궁금해요. 저와 같은 세대 사람들은 유신 체제라는 말만 들어도 숨이 콱콱 막힌답니다. 어떤 사안을 떠올리면 금방 눈물이 쏟아질 것만 같지요. 우리에겐 그냥 한 시대의 이야기가 아니라 삶 그 자체의 이야기거든요. 지금도 그 시절에 대해 이야기하려면 꼭 어제 일어난 일처럼 가슴이 뛥니다. 어떤 때는 분노로 어떤 때는 행복한 얘기로 가득 차 있는데, 그걸 직접 겪어보지 않은 여러분 세대는 짐작하기 어려울 거예요.

제가 강의 준비를 하면서 가만히 생각해보니까 이야기의 범위가 많이 걱정되더라고요. 우리 삶의 중심이었던 아카데미 운동을 이야기하려면 할 이야기가 태산 같아서, 이 넘치는 이야기를 한 시간 안에 어떻게 요약할지 걱정이 되었어요. 또 한편으로는 그 시대의 고민과 열정이 오늘의 젊은이들에겐 얼마나 낯설까, 강사의 말이 너무 과잉돼서 이상하게 보이진 않을까 생각하면 할 말이 하나도 없는 거예요. 그래서 아주 난감한 처지에서나마 강의를 시작할 수밖에 없게 됐습니다. 엄혹한 70년대 유신 체제하에서 사회를 변화시켜보고자 했던 몸부림을 마음속으로 그려봐주시면 좋겠습니다.

세상을 바꾸고자 고투하신 강 목사님 생애의 수많은 일은 앞서 진행된 6개 강좌를 통해 이미 폭넓게 전달되었을 것으로 생각합니다. 크리스챤아카데미 운동은 강 목사님 생애의 핵심 중 하나였습니다. 제 이야기 속에서 강 목사님의 모습을 다시 한번 그려보실 수 있기를 기대합니다.

아카데미 운동과 70년대 중간집단 교육

먼저 아카데미 운동과 70년대 중간집단 교육에 대해 소개하면서, 그 속에 제가 하고 싶은 이야기를 곁들이겠습니다. 강의 준비를 하다 보니 수많은 에피소드가 마치 어제 일처럼 생생하게 떠오르는 거예요. 세월이 가도 잊히지 않고 남아 있는 삶의 에피소드들이 바로 그 사람의 삶 자체가 아닌가 하는 생각이 문득 들었어요.

크리스챤아카데미는 한국사회 변혁의 꿈을 펼쳐온 기독교 사회운동 기관입니다. 아카데미 운동의 간략한 연혁을 살펴보겠습니다. 아카데미 운동은 제2차 세계대전 후 독일에서 에버하르트 뮐러 박사에 의해 창시되어 당시 독일의 민주적 재건과 번영에 큰 공헌을 한 것으로 기록되어 있습니다. 그 후 유럽 각국을 비롯해 아프리카,

남미, 아시아 등 세계 여러 나라로 이 운동이 전파되었습니다. 우리나라의 크리스찬아카데미 운동도 그와 같은 맥락에 있습니다.

한국의 크리스찬아카데미는 강원용 목사님에 의해 1965년에 설립되었습니다. 물론 그 전 단계 준비 과정이 여러 해에 걸쳐 아주 치밀하게 진행되다가, 1965년에 마침내 재단법인으로 설립된 거지요. 사업은 '대화모임(타궁)'과 '사회교육'이 중심이었습니다. 1966년 수유리에 아카데미하우스를 준공하여 본격적으로 대화운동을 전개했고, 1970년에는 수원에 사회교육원('내일을 위한 집')을 세워 다양한 사회교육을 해오다가 1974년부터는 한국사회의 민주화를 위해 중간집단 육성강화 교육을 집중적으로 실시했습니다.

그중 대화모임은 견해와 입장이 다른 각계각층의 인사들이 모여 며칠씩 숙식을 같이하며 토론하고 소통하고 상호 이해를 도모하는 형식이었습니다. 아카데미의 대화운동과 그 철학 등에 관해서는 이 '목요강좌'에서 첫 번째로 강의를 하신 김경재 교수님과 지난주에 강의를 하신 윤여준 장관님이 중요한 부분에 관해 충분히 말씀하셨으니까 생략하고 중간집단 교육에 대해서만 이야기하겠습니다.

지난주에 제가 와서 윤여준 장관님의 강의를 들었는데, 강 목사님과 아카데미에 관해 말씀하시는 중에 '강 목사님은 비혁명적 방법으로 변혁을 추구한 분'이라고 하시더라고요. 그 말씀을 들으면서 이런 생각을 했습니다. 그건 바로 아카데미 운동 자체에도 그대로 적용할 수 있겠다, 즉 '아카데미 운동은 비혁명적 방법으로 변혁을 추구하는 운동'이라 말할 수 있겠다고 생각한 거예요. 아카데미의 대화모임은 지금도 계속되고 있습니다. 또 사회교육 프로그램도 70년대 중간집단 교육과 똑같은 양식은 아니지만 그 연장선에서 계속 이어지고 있어요.

중간집단 교육은 크리스찬아카데미에서 진행한 대표적인 현실 참여 프로그램이었습니다. 아카데미가 1970~71년에 집중했던 대화모임과 조사·연구를 통해 전개한 인간화 운동의 연장선에서 채택된 프로젝트였고, 결국은 아카데미의 70년대 현실 참여 활동을 대표하는 사업이 되었지요.

아카데미는 70년대 초 한국사회의 상황을 양극화로 인한 비인간화로 규정했습니다. 수많은 연구와 토론 속에서 규정한 것입니다. 그래서 인간화를 위해 양극화 극복 운동을 모색했고, 그 일환으로 중간집단 육성강화 교육 프로그램을 전개하기로 했던 것입니다. 이 같은 결론을 도출해내는 과정에 수많은 양심적 지식인이 참여했는데, 대표적으로는 고범서, 남재희, 이문영, 정원식, 한완상, 소흥렬 같은 분이 계십니다.

중간집단의 개념

그러면 중간집단의 개념에 대해 정리해보겠습니다. 중간집단의 개념에 대해선 주로 사회학자들이 논의 및 정의하고 있지만, 여기서는 이론 논쟁 부분은 생략하려고 합니다. 우리가 중간집단 교육을 할 때 교육 참가자들과 운영자들이 간단히 정리한 개념은 이렇습니다. 중간집단이란 '자발적으로 조직된 사회적 압력단체'라는 것이지요. 이런 개념을 가지고 노동자들과 지냈기 때문에 이 정도로만 소개하고 넘어가겠습니다. 혹시 더 관심 있는 연구자가 계시다면 아카데미에서 출간한 『아카데미 총서』 제2권을 참고하시면 됩니다. 거기 보면 초창기에 이론 작업을 했던 내용이 그대로 담겨 있습니다. 또 90년대에 와서 「1970년대 노동교육 사례 연구-크리스찬아카데미 산업사회 중간집단 교육」이라는 서울대학교 교육학 석사논문이 나왔는데, 전문적이면서도 젊은 시각으로 상당히 잘 정리한 부분이 있습니다. 교육학적 입장에서뿐만 아니라 신학적 입장, 사회학적 입장, 심지어 여성학적 입장에서 다양한 연구가 가능한 의미 있는 자료들이 이 교육에서 발견될 수 있다고 생각합니다.

중간집단의 교육 대상과 목표

이번엔 교육 대상과 목표에 관해 말씀드리겠습니다. 대상은 5개 분야를 선택했는데 교회사회, 여성사회, 학생사회, 산업사회, 농촌사회로 나누었습니다. 교회사회는 종교사회라 할 수 있습니다. 개신교 교역자뿐만 아니라 신부님과 수녀님, 스님, 원불교 교무님도 참석하셨으니까요. 또 산업사회는 주로 노조 간부가 참여하는 교육이었기 때문에 노동사회라고도 불렀습니다.

이 5개 분야의 중견 리더와 젊은 활동가 30명 내외를 매회 교육 참가자로 초청했습니다. 예를 들어 산업사회의 경우엔 중견 노조 간부 교육에서 시작하여 점차 젊은 활동가로 확대해갔고, 특히 매회 노동 문제를 고민하는 지식인 참가자를 2, 3명씩 포함시켰습니다. 이 교육에 참석하고 싶어 하는 지식인들이 참 많았는데도 최소한의 수로 제한한 것은 지식인 중심의 프로그램이 되지 않도록 하기 위해서였어요.

교육 목표는 우리 사회를 민주적으로 변화시키고자 하는 열망을 가진 민간단체인 중간집단을 강화 또는 결성하게 하기 위해 그 리더와 운동가를 양성하는 것이었습니다. 산업사회의 경우 미조직 현장에서는 신규 노조를 결성하거나 노동자 소그룹을 조직하고, 이미 조직된 기존 노조의 경우에는 어용노조를 극복하고 민주적이고 자주적인 노조로 발전되도록 하는 것이 목표였습니다. 물론 그것은 단기적인 목표였고, 장기적인 목표는 프로그램으로 내놓지 않았습니다. 강 목사님은 산업사회 교육에 관심이 많으셔서 서울에 특별한 일만 없으면 수원 사회교육원에 내려오셔서 4박 5일 프로그램을 함께하셨습니다. 그럴 때면 교육생들의 취침 시간 이후 우리 스태프들을 불러놓고 이렇게 강조하시곤 했어요.

"내가 이 산업사회에 관심을 갖는 것은 다만 노동조합이 조금 잘되기를, 노동자들의 생활 조건이 조금 나아지기를 바라서가 아니고 멀리 통일에 대비하는 것입니다."

이건 당신 강의에서도 늘 하시던 말씀이었지요. 우리는 통일을 대비했던 목사님의 원대한 꿈을 하나도 못 채워드리고 그냥 눈앞에 보이는 현실 문제에만 급급했다는 생각을 늘 하게 됩니다. 그때 우리 스태프들은 당장 현안이 급해 죽겠는데 목사님은 왜 이러시나, 어른들은 항상 그렇게 말씀하시려니 하면서 흘렸지요. 하지만 지금은 목사님의 꿈이 무엇이었는지 보입니다.

중간집단의 교육 내용과 방법

다음은 교육 내용과 방법에 대해 말씀드리겠습니다. 교육 내용은 한마디로 의식화 프로그램이었습니다. 사회 구조에 대한 이해, 자기가 처한 현실에 대한 직시, 무엇을 어떻게 해서 사회를 정의롭게 변화시킬 것인가 등 사회의식과 개인의식, 그리고 역사의식을 일깨우는 기본 위에 분야별 활동에 필요한 전문 지식을 첨가했지요.

교육 프로그램은 강의, 토론, 워크숍(과제 작업), 생활 과정의 의례 등으로 구성되었습니다. 주입식 교육을 지양하고 민주적 활동 양식에 대한 직접 체험과 참가자 간의 경험 교류, 그리고 정서적 감동 중심으로 구성하여, 각자 자기 삶의 방향을 결단하게 하는 교육이었어요.

강의는 일단 강사들이 맡았지만, 일방적으로 가르치는 강의가 아니라 토론과 워크숍의 실마리를 던지는 발제에 불과했습니다. 대신 토론과 워크숍을 중심으로 했지요. 당시는 노동자들이 토론을 해본 경험이 별로 없었어요. 80년대 들어오면 달라지지만, 토론이 뭔지 워크숍이 뭔지 모르는 이들이 그냥 그 속에 던져져 씨름하면서 스스로 터득해나갔습니다. 한편 강의, 토론, 워크숍보다 더 중요한 것이 생활 과정의 의례나 축제 등이었습니다. 강의를 들을 때보다 명상 시간, 각자 자기 경험과 소신을 발표하는 시간, '아카데미 향연(축제)' 프로그램 시간에 문득 눈을 뜨는 참가자들이 있었어요. 죽어도 마음을 안 열 것 같던 어용노조 간부가 어느 날 자기 고백을 하면서 반성했습니다. 정말 깜짝 놀랄 일이었지요. 우리가 반성하라고 강요한 것이 아니었습니다. 좋은 강의 못지않게 함께하는 생활 과정적 프로그램이 얼마나 중요한지를 보여주는 사례입니다. 모든 과정에서, 심지어는 강의 시간에도 그 시작 직전에 언제나 노래를 불렀어요. 춤추고 노래하는 과정에서 사람들의 가슴이 갑자기 열리는 거예요. 그런 경험을 한 번도 해본 적이 없는 사람일수록 변화의 움직임이 더 잘 일어나더라고요.

물론 강의도 다른 곳에서의 경우와 매우 다릅니다. 한번은 이런 일이 있었어요. 이화여대 백재봉 교수가 '노동법의 이해'라는 강의를 하고 있는데, 강 목사님이 뒤에 앉아서 듣다가 옆에 앉아 있는 저를 툭툭 치며 이렇게 말씀하시는 거예요.

"야, 백재봉 교수는 지금 노동법 강의를 하는 게 아니고 부흥회를 하고 있구나."

그러니까 그 강의의 제목이 무엇이든 간에, 삶의 이야기와 연결짓고, 현실을 직시하고, 아름다운 세상을 만드는 데 이 지식이 어떻게 활용될까 고민하는 가운데 각자 내용을 풀어갔던 것입니다.

중간집단 교육의 교육 과정

정규 교육과 후속 교육

교육 과정은 정규 교육과 후속 교육으로 나뉘어 체계적이고 단계적으로 매우 정교하게 짜여 있었습니다. 정규 교육 과정은 1, 2, 3차 교육으로 되어 있었어요. 1차 교육(4박 5일)을 실시한 후 약 6개월에서 1년 이내에 2차 교육(5박 6일)을 실시하고, 3차 교육은 5개 분야의 특징에 맞추어 유연한 형태로 실시하게 되어 있었습니다. 예를 들어 농촌사회는 농한기에 약 3주간 합숙 교육을 했고, 산업사회의 3차 교육은 '노동대학 안(案)'을 마련하여 1979년부터 실시할 예정이었는데, 아카데미 사건이 벌어지는 바람에 시작도 못하고 그냥 안으로만 남고 말았습니다.

산업사회 교육의 경우엔 1차 교육 과정 제목을 '노조 간부의 지도력 개발'이라고 붙였고, 2차 교육은 '민주노조운동의 좌표 설정'으로 정했습니다. 즉 1차는 아주 기본적인 의식화, 2차에서는 조금 더 전문성이 가미된 내용으로 운동 방향을 잡아보고자 한 거예요. 여기서 생각나는 에피소드들이 있어요.

마지막 날 저녁에 하는 아카데미 향연 때, 1차 교육에서는 (모의 노사 교섭 같은) 롤 플레이를 하는데 교육 참가자뿐만 아니라 아카데미

측의 강원용 목사님과 교육 스태프, 교육위원들이 다 섞여서 역할을 나누어 맡았어요. 그런데 악덕 기업주나 포주 같은 나쁜 역할은 아무도 안 맡으려고 해서 강 목사님이 맡곤 했지요. 또 첫 2차 교육에서는 심각한 문제가 생겼어요. 수원 사회교육원 마당에서 밤에 횃불을 밝혀놓고 근사하게 잔치를 하려고 준비했지요. '민주노조 운동의 좌표 설정'이라는 주제에 맞게 아카데미 향연을 열기로 하고는 선물 겸 도구로 사용할 타월을 주문했어요. '민주노조'라고 쓴 타월을 머리에 묶을 예정이었는데, 주문한 타월을 보니까 '민족노조'라고 잘못 프린트된 거예요. 시간 없다고 그냥 사용했으면 우리는 그때 벌써 다 잡혀갔을 거예요. 아까운 타월을 다 폐기했지요.

'민주노조'라는 말이 오늘날엔 일반적으로 널리 쓰이지만, 당시엔 그 용어 자체를 쓰지 않았습니다. 우리가 처음으로 썼는데, 이 교육과 관련한 좋은 활동가들이 서서히 민주노조 운동가로 성장하고 현장에서는 민주노조의 싹이 트기 시작했습니다. 그 엄혹한 70년대 유신 체제 긴급조치 상황에서도 조금씩 새로운 움직임이 시작된 것입니다. 그래서 관계 기관에서 '민주노조'를 불온한 노조, 반정부적 노조로 받아들일 만큼 감시와 탄압의 분위기가 조성되어갔습니다.

그러나 이들은 마침내 70년대 민주노조 운동의 흐름을 만들었고 90년대 와서는 마침내 민주노총을 결성하는 데까지 이르렀는데, 용어 자체는 노동법에 나와 있는 것입니다. 노동조합법에 보면 노동조합은 민주적이고 자주적인 요건을 갖추어야 한다고 규정되어 있습니다. 민주노조라는 용어는 우리 같은 노동법 학도들에겐 당연한 것이었죠. 하지만 어용노조를 반대하는 노조이다 보니 기존 노조와 그 이해 관계자들에게 투쟁 노조로 오해를 받았고, 기득권 측에겐 거부 반응을 일으킨 것이지요.

그러고 보니 아카데미 교육에서 처음 나온 용어들이 참 많아요. '노가바', 노래 가사 바꿔 부르기도 아카데미 노동교육에서 처음 시작했어요. 분반 모임의 소그룹에서 참가 노동자들이 유행가 중에 가장 쉽고 신 나는 걸 하나 선택해서 거기에 자기들이 하고 싶은 이야기를 가사로 집어넣는 것인데, 가사를 만든다는 게 얼마나 힘들겠어요. 그래서 이렇게 했지요. 예를 들어 여덟 사람이 둘러앉았으면 한 사람씩 돌아가면서 각자 하고 싶은 말을 한 단어씩 얘기하고 그 단어들을 서로 연결해서 말을 만들었어요. 그러면 그게 가사가 되는 거예요. 절실하게 하고 싶은 얘기가 많은 사람들에게는 가사가 잘 나오죠. 이때 우리 프로그램 간사들과 연구위원들도 따로 한 그룹이 되어 노가바를 만드는데, 시간이 다 될 때까지 우리만 못 만들었어요. 기가 막힌 경험을 한 건데, 머릿속에 유식이 가득 들어차서 근사한 말만 생각하니까 잘 안 된 거지요. 이게 우리들의 배움과 깨달음의 한 과정이기도 했습니다.

노가바도 그렇게 시작했고, 또 '비문 쓰기'도 했어요. 자기 삶의 결단을 쓰고 그것을 자기 묘의 비문으로 적어 봉투에 넣으면 나중에 아카데미에서 집으로 배달해주는 프로그램이었어요. 우리 교육 이수자 중 최근에 작고하신 김근태 의원은 이 쪽지글을 의심받아지독한 고문을 당했지요. 최근에 만난 한 여성 노동자인 이필남 씨는 할머니가 된 지금까지 그 쪽지를 접어 수첩에 넣어가지고 다니더라고요.

정규 과정 외에 진행된 '후속 교육 과정'은 실제 현장에서 교육 효과가 나타나고 있는 것을 확인·평가하고 교육 이수자들의 활동을 격려하기 위한 것입니다. 주로 현장방문 상담 활동, 현장교육 지원, 교육 이수자들의 동문회 활동 지원 등을 했습니다.

산업사회 교육은 1기부터 19기까지 하고 끝났습니다. 이러한 후속 모임에서 각 기별 노동자들이 서로 교류하고 사귀면서 마침내는 노동조합 간의 연대 활동, 연대 투쟁으로까지 발전했지요. 그리고 여러 분야의 전문 지식인 참가자들과의 관계 속에서 이른바 노학연대의 시초도 만들어지고 있었습니다.

후속 교육과 관련한 역동성은 우리가 기대했던 것보다 훨씬 앞서 나갔습니다. 어떤 때는 저희가 겁이 났어요. 주요 간부들이 다녀간 후 자기 조직의 다른 간부들을 교육에 보내기도 했고, 조합원을 아카데미 교육에 다 보낼 수 없으니까 자기들이 조직해서 아카데미 스태프들을 강사로 부르기도 했어요. 금속, 화학, 섬유노련 산하 단위조합 간부들이 대부분이었지요. 그중에 원풍모방 노조가 대표적이었습니다. 2, 3천 명쯤 되는 조합원을 3교대로 나누어 대강당에 모아놓고 계속 교육을 했어요.

제 기억 속에 남아 있는 에피소드 중 하나는 '크낙새 사건'이에요. 원풍모방의 초청으로 강의를 가던 날 아침이었는데, 신문 1면에 크낙새 한 마리가 죽었다고 크낙새 사진과 함께 대서특필된 거예요. 제가 강의 중에 문득 그 크낙새 기사가 생각나서 "난 오늘 아침 크낙새 기사를 보면서 이런 걸 느꼈다. 노동자들은 크낙새만도 못한가?"라고 말했어요. 70년대 당시에는 우리가 다 아는 노동현장의 심각한 사건들도 언론 검열 때문에 신문 보도를 찾아볼 수 없었습니다. 강의 중에 그런 얘기를 하고 저는 잊어버렸죠.

그런데 얼마 후 종로5가 기독교회관의 금요기도회에 참석한 원풍모방의 나이 어린 조합원 몇 명이 그 건물 8층에 있던 기독교방송 라디오 뉴스실로 뛰어들어가 마이크를 잡고 "노동자는 크낙새만도 못하냐!"라고 외쳤어요. 결국 그 여성 노동자는 끌려나와 고통을 당했지요. 얼마 후에는 원풍모방 조합원을 포함한 몇 명의 어린 여성 노동자들이 여의도 부활절 예배 중에 마이크를 잡고 동일방직 사건에 대한 분노를 외쳐 잠깐 동안 전국에 생방송되기도 했어요. 그러고는 모두 감옥에 갔지요.

이분들이 감옥에서 나와 하는 말이 자기들의 열악한 기숙사보다 감옥이 훨씬 낫더라는 거예요. 잠도 실컷 자고 말이에요. 이런 얘기들이 퍼지면서 여성 노동자들이 감옥에 가는 걸 두려워하지 않게 되었어요. 하지만 어쨌거나 우리 교육과 직간접적으로 관련된 사람들이 당하는 고초였기 때문에 마음이 무척 아팠고, 때로는 죄책감도 느꼈지요.

중간집단 교육의 성과

이번엔 교육의 성과에 대해 말씀드리겠습니다. 중간집단 교육은 각 부문에서, 특히 여성과 산업, 농촌사회의 중간집단 활성화에 큰 영향을 끼친 것으로 평가받았습니다. 많은 교육생이 자기가 처해 있는 어려움을 우연 또는 개인적인 것이 아니라, 한국사회의 구조적인 문제와 관련되어 있음을 인식하고 그 해결을 위한 사회운동에 나설 것을 스스로 결단하게 되었습니다.

주입식 교육이 아닌 토론과 워크숍 중심의 프로그램이 진행되는 동안, 교육자와 피교육자가 숙식을 포함해 전 과정을 함께하면서 전인격적인 만남이 이루어졌고, 그로 인해 참가자와 교육자 모두 새롭게 변화하고 서로를 발전시키는 감동적인 경험을 해나간 것이 가장 큰 성과라고 생각합니다.

또한 교육받은 활동가들의 조직은 사회적 영향력을 행사하는 힘을 구축했고, 교육 이수자 개인으로서도 상당수가 사회운동에 대한 전망을 가진 거목 지도자가 되기도 했습니다. 특히 농촌사회의 경우엔 더욱 그러했습니다. 80년대 이후 현재까지도 교육 이수자와 그들의 영향력하에 성장한 동료들이 사회운동계와 주요 NGO에서, 그리고 정관계에서 훌륭한 지도자로 일하고 있습니다.

프로그램의 성공 비결

그동안 프로그램의 성공 비결이 무엇이냐는 질문을 받곤 했습니다. 그에 대해 저는 이렇게 생각합니다.

첫째는 교육 프로그램의 준비가 철저했다는 것입니다. 사회과학, 교육학, 신학, 여성학 등 각 분야에서 치열한 문제의식을 가진 젊고 헌신적인 학자들과 주요 NGO 지도자로 구성된 프로그램 준비위원회에서 연구하여 틀을 잡았습니다. 그리고 운영 실무자들의 사전 훈련과 시범 교육을 수차례 실시한 후 프로그램 내용을 확정하는 등 전문적이면서도 치밀하게 준비했습니다.

다음으로는 프로그램 운영자들의 헌신성입니다. 각 사회별 교육위원회와 담당 간사를 두고 이들이 교육 과정 전체를 함께 준비했으며, 피교육자와 같이 숙식하면서 프로그램을 실시하고 마지막 평가까지 했던 것입니다. 당시 대학교수였던 교육위원 한 분은 자신이 "아카데미 교수같이 살았다"고 회상한 바 있습니다.

그리고 주입식 교육이 아니었다는 것입니다. 교육자와 피교육자 구별 없이 혼연일체가 되어 서로 가르치고 배우는 경험을 하게 했습니다. 강원용 원장님을 포함한 프로그램 운영자들은 가르치려 하지 않고, 함께하며 뒷바라지하는 교육 방식을 택했습니다.

마지막으로 아카데미는 교육 이수자들을 대상으로 '자체 조직'을 만들지 않는다는 정책을 고수하여 조직 이기주의적 오류나 기존 단체와의 충돌 없이 상호 보완 및 협력이 가능하도록 했다는 점입니다. 교육 이수자들은 기존의 노동조합과 산업선교회, 가톨릭노동청년회(JOC), 가톨릭농민회, 기독교농민회, 지역 활동 조직, 각종 여성 단체 등 각자 자기가 소속된 단체로 돌아가서 활동하며 아카데미와 긴밀한 관계를 유지했습니다. 이들은 자기 조직에 돌아가 활동하면서 부딪히는 여러 가지 고민을 우리와 상담하기도 했습니다.

아카데미 사건으로 중단된 중간집단 교육

이른바 '아카데미 사건'으로 중간집단 교육은 중단되었습니다. 유신 체제 말기에 이 프로그램을 중단시키기 위해 군사정권의 탄압이 시작되었고, 1979년 3월 실무 간사 6명이 중앙정보부(현 국가정보원)에 전격 구속되면서 교육 사업 전체가 좌초되었습니다. 간사들뿐 아니라 강 원장님을 비롯하여 각 사회별 교육위원과 교육 지원자들, 그리고 수많은 교육 이수자들이 중정에 불려가서 고초를 당했습니다. 삼엄하고 철통같은 유신 정권하에서도 일부 공장과 농촌 현장에서 '유신 반대, 민주화 요구'의 의식이 서서히 자라고, 그 세력이 점차 커지는 등 교육의 성과가 가시화되기 시작하자 마침내 유신 정권이 위협을 느낀 것입니다.

사실 아카데미 교육 자체는 당시 걸려들기 쉬운 '긴급조치'(1~9호)의 어느 조항에도 위반되지 않을 정도로 합법적 테두리 내에서만 조심조심 이루어졌기 때문에 결국은 '반공법 위반'(반공법은 그 후

국가보안법에 흡수됨) 사건을 만들어냈던 것입니다. 저는 중앙정보부에 갇혔을 때 이런 생각을 했어요. 차라리 긴급조치 위반을 해버렸더라면 반공법에는 안 걸렸을 텐데 하고요. 우리가 얼마나 조심했는지 모릅니다. 정권에 밉보이고는 있지만, 어느 법 조항에도 걸리지 않으니까 반공법의 애매한 조항을 걸어 우리를 잡아간 것이지요. 국가보안법 폐지 주장이 계속되고 있는 건 바로 그 조항들이 애매해서 정치적으로 악용될 가능성이 있기 때문입니다.

1979년 10·26사태 이후 '80년 민주화의 봄'을 맞아 저를 포함해 구속되었던 일부 간사들이 출소했고, 크리스챤아카데미는 다시 중간집단 교육을 재개하려고 준비에 들어갔습니다. 그러나 그해 5·17사태가 터지면서 결국 좌초되고 말았지요.

크리스챤아카데미 교육 경험에 대한 회상

이제 끝으로 프로그램 간사였던 저 개인의 '크리스챤아카데미 교육 경험'을 회상해보려고 합니다. 저는 70년대에 10여 년간 아카데미에서 프로그램 간사로 일했고, 5개 사회 분야 중 산업(노동)사회의 주무간사로, 그리고 농촌사회와 여성사회의 지원 보조간사로 일했습니다.

제가 크리스챤아카데미에 근무한 것은 처음엔 사회운동을 하기 위해서가 아니라 건강 회복을 위한 가벼운 아르바이트 차원이었습니다. 당시 병이 나서 요양을 하고 있었는데, 저를 걱정해주시던 강원용 목사님이 "건강 회복을 위해 생활환경을 좀 바꿔보는 게 어떻겠냐? 아카데미에 나와 가벼운 일을 하면서 지내봐라" 하고 권하셨거든요. 그렇게 시작된 아카데미 근무가 노동교육 활동으로 이어지고, 차츰 보람과 기쁨으로까지 발전하여 저도 모르는 사이 심신의 건강까지 회복되었어요. 더 나아가 평생을 살아가는 심지와 힘을 얻게 되었지요.

대학원에서 노동법을 전공하고 본격적으로 노동교육 담당 간사로 70년대 내내 전심전력을 다해 일했습니다. 마침 70년대의 많은 젊은 지식인들은 근로기준법 책을 품에 안고 분신한 청년 노동자 전태일의 죽음에 큰 부채감을 떠안고 있었습니다. 법학도의 경우엔 더욱 그러했고, 저도 그중의 하나였습니다.

그렇다 보니 노동자를 만나고 노동 문제를 다루는 일에 신들린 것같이 몰입하여 정성을 다했습니다. 노동교육을 통해 노동자들과 만날 때는 마치 전태일을 만나듯 미안함과 사랑과 존경으로 대했습니다. 부족함이 많았지만 시간이 지나자 일정한 성과가 쌓이기 시작했고, 그 가운데서 인간에 대한 신뢰와 참된 이해의 의미를 깨치게 되는 등 스스로 큰 성장을 경험했습니다. 특히 사회적 약자에 대한 진정한 이해 능력도 생겼습니다.

노동사회 후속 교육의 일환으로 참가자들 스스로 조직하여 운영하는 동기 모임과 그 연장선에서 만들어진 전체 동문회 성격의 '아카데미 노동사례연구회(노동사례연구회)'와, 교육 이수자 중 여성 노동자들의 별도 조직인 '여성해방 노동자 기수회(기수회)'가 만들어졌습니다. 스스로 공부하고 서로 친교를 나누며 동지애를 쌓아가는 이러한 진지한 모임에 우리 아카데미 간사들도 참여하여 뒷바라지를 했습니다. 노동사례연구회 모임은 아카데미 사건의 와중인 1979년에 중단되었지만, 그 뿌리는 현재도 '70년대 민주노동자회(70민노회)'라는 이름으로 계승되고 있습니다. 다만 기수회는 결성 직후부터 조직 이름이 불온하다는 당국의 압력에 의해 얼마 유지되지 못하고 1979년 아카데미 교육 중단과 더불어 끝났어요.

'70민노회'가 매년 송년의 밤 모임을 갖는데 노인이 오시기엔 아주 불편한 시간과 장소인데도 강 목사님은 다리도 불편하신데 그 모임에 빠지지 않으려고 하셔서 제가 불편할 정도였어요. 저는 그 모습에서 강 목사님이 마지막까지 노동자 사랑이 각별하셨다는 것을 느낄 수 있었습니다.

저는 특히 70년대 민주노조의 대표적인 조직인 원풍모방, 동일방직, 반도상사, YH무역, 콘트롤데이터, JOC의 대표인 여성 간부들과 함께 공부 '소모임'을 가졌습니다. 여기 참여한 여성 간부들은 제가 구속되면서 중정에 끌려가 모진 고문을 당하기도 했어요. 이들 대부분은 지금도 다양한 현장에서 선배 운동가로 활동하고 있는 저의 자랑스러운 절친들입니다.

또한 교육 이수자들의 요구로 각종 현장을 지원하기 위해 전국 방방곡곡을 다녔던 출장교육도 잊을 수 없습니다. 특히 1979년 2월에 무등산에 있는 어느 기도원을 빌려 광주 전남 지역 여성 근로자 교육을 했는데, 교육을 마치고 상경한 후에 바로 구속되었기 때문에 무등산 교육은 저의 마지막 프로그램 추억이 되었습니다.

여기서 잠깐 김치에 얽힌 에피소드를 소개하고 싶습니다. 제가 맛있는 김치를 유난히 밝히는데, 광주 김치가 그중 하나입니다. 1979년 3월 남산에 잡혀 들어가 열흘 이상 잠을 안 재워 비몽사몽하던 중에 문득 머리에 떠오르는 게 김치였어요. 무등산 기도원에서 교육을 끝내고 광주의 한 여성 노동자 집에서 하룻밤 자고 떠나오는데 내가 김치를 너무 맛있어 하니까 그 댁 모친이 큰 통에 가득 담아 고속버스에 실어주셨어요. 그 귀한 김치를 못 먹고 냉장고에 그대로 넣어둔 채 중정에 갇혀 고문을 당했던 거죠.

한편, 1980년 5·17사태 이후 70년대 어렵게 싹틔운 민주노조들은 상상을 초월한 국가 폭력에 의해 강제 해산과 해고의 고통을 겪게 되었습니다. 해고의 경우 그냥 해고가 아니라 블랙리스트를 만들어서 이 사람들은 전국 방방곡곡 어디에서도 취업을 할 수 없게 만들었지요. 특히 해고 중에는 '정화해고'라는 게 있었어요. 노동계를 깨끗하게 청소하기 위해 해고한다는 개념이에요. 이 정화해고 대상자는 아카데미 교육 이수자들이 다 차지하다시피 했는데, 계엄령하에서 군인들이 와서 강제로 사표를 쓰게 하고, 안 쓰는 사람은 삼청교육대로 끌고 갔습니다. 끔찍한 삼청교육대에 대해서는 적나라한 보고들이 많이 있습니다. 그분들 중 일부는 지금도 복직 투쟁을 하고 있고, 일부는 아직도 당시 구사대와 삼청교육대의 고문으로 인한 후유증에 시달리며 악몽에서 벗어나지 못하고 있어요. 그분들 얼굴을 떠올리면 피눈물이 납니다.

70년대 한국사회의 변혁에 기여한 두 가지 대표적인 기독교 사회운동은 미국 시카고의 빈민운동에서 비롯한 알렌스키 메소드를 주로 도입한 '도시농촌선교(URM, Urban Rural Mission)' 운동과 독일의 뮐러 박사가 창안한 아카데미 운동을 주로 도입한 크리스챤아카데미 운동입니다(URM에 관해서는 최근 작고하신 오재식 선생님의 회고록 『나에게 꽃으로 다가오는 현장』 참조).

직접 현장에 뛰어들어 조직하고 투쟁하는 방식의 URM은, '현장인 또는 현장조직을 육성 강화'하는 간접 방식의 아카데미 교육 운동에 비해 활동가들의 희생이 매우 컸습니다. 전선에 서서 활동한 URM 때문에 아카데미는 상대적으로 탄압 순위가 뒤로 밀렸고, 그래서 그들보다 좀더 오래 지속할 수 있었지요. 그런 생각을 하니 늘 미안한 마음과 부족한 마음이 있었고, 그렇게 조바심 속에서 일했습니다.

우리가 선택한 운동의 패턴이 당시 상황과 시대정신에 가장 적합한 것인지 회의를 품기도 했고, 강원용 원장님이 강조하시는 세심한 조심 모드의 지침이 불만스럽기도 했어요. 그런데 아카데미 사건으로 감옥에 갇혀 골똘히 생각해보니 강 목사님의 조심조심 철학이 맞았다고 생각되어 조바심치던 일을 반성했습니다. 성에 차지 않더라도 조심하여 1, 2년만이라도 우리 교육을 더 지속할 수 있었다면, 전국적 운동 거점과 네트워크 형성이 가능하지 않았을까 하는 생각이 들어 아쉬움이 컸습니다.

돌이켜 보니 저의 70년대는 고단했지만 감사한 세월이었고, 그러한 삶이었습니다. 이 모든 일의 배후 조종자는 강원용 목사님이셨습니다. 감사합니다.

여해 강원용, 그는 누구인가?

펴낸날 | 2013년 8월 17일 1판 1쇄 발행
지은이 | 김경재, 박경서, 안재웅, 법륜, 이강백, 윤여준, 신인령
펴낸이 | 박종화
펴낸곳 | 대화문화아카데미 대화출판사
출판등록 | 1976년 6월 24일(제2-347호)
인쇄 | 계성인쇄

주소 | 서울 종로구 평창동 473-6(우 110-848)
전화 | 02 395 0781
팩시밀리 | 02 395 1093
홈페이지 | www.daemuna.or.kr
전자우편 | tagung@daemuna.or.kr tagung@chol.com

ISBN 978-89-85155-41-0 03200
값 10,000원

이 도서의 국립중앙도서관 출판시도서목록(CIP)은 서지정보유통지원시스템 홈페이지(http://seoji.nl.go.kr)와 국가자료공동목록시스템(http://www.nl.go.kr/kolisnet)에서 이용하실 수 있습니다.(CIP제어번호: CIP2013014013)